日本語で外国人と話す技術

立教大学兼任講師
高嶋幸太

くろしお出版

はじめに

　ここは日本で、あなたの目の前には観光客と思しき外国人がいます。その人は、旅行ガイドブックを片手に持ち、目をキョロキョロさせながら空中を指さしています。その様子から察するに、どうやら道に迷ってしまったようです。さて、ここで質問です。あなたは特に用事がなく、急いでいるわけではないとしたら、この状況でどう行動しますか。

　さまざまな回答があるでしょう。例えば、「英語で話しかける」「見て見ぬふりをし、ほかの親切な人に任せる」「様子を見る」などです。回答は人それぞれあるかと思いますが、ほかにも考えられる行動があります。それは「**日本語で声をかける**」です。このように書くと、「わざわざ日本語で話しかけても、どうせ通じないし、意味がないでしょう」と考える人もいるかもしれません。しかし、もしその外国人が来日前に少しでも日本語を学んでいたとしたら、あるいは、もしその人が観光客ではなく日本に住む外国人だとしたら、日本語で話しかけても会話が成立する可能性は十分にあります。

　次ページの図をご覧ください。これは、外国人とのコミュニケーション方法を決定する際、ポイントとなる条件を状況別に分け、チャートにしたものです。先述の道案内の場面において、どのコミュニケーション方法が最適でしょうか。

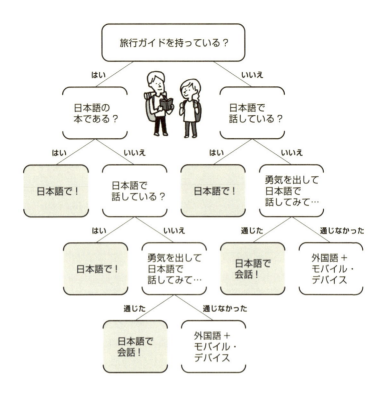

▲ 状況別のコミュニケーション法チャート

　この図で「日本語で！」に辿り着いた場合は、日本語で会話を行うことができます。そして、日本語が通じて「日本語で会話！」に行き着いた場合も、そのまま日本語で会話を続けることができます。一方、日本語が通じなく「外国語＋モバイル・デバイス」に行き当たった場合は、外国語を使ったり、モバイル・デバイスによる翻訳・通訳アプリを利用したりするなどして、対応することができます。

　近年、日本を訪れる外国人の数は増えています。彼らとのコミュニケーションは、自ら語学力を身につけたり、語学力がある人に通

訳をしてもらったりするなど、さまざまな手段が考えられます。本書では、そのような視点から離れ、日本語が少し話せる外国人に対してどのような日本語を使えば理解してもらえるか、そして外国人と楽しく交流するための日本語コミュニケーションのポイントは何かを、普段外国人に日本語を教えている日本語教師の視点からお伝えします。

　私はこれまで、年少者、大学生、社会人、地域に住む人々などさまざまなバックグラウンドを持つ学習者を対象に、日本国内外で日本語を教えてきました。そうした多くの人々と接する中で、次第に日本語教育の知見を一般社会においても役立てられないかと考えるようになりました。そして、日本語教育に従事する一方で、観光業従事者や地域市民向けの「外国人に伝わる！日本語コミュニケーション実践講座」の実施や、インターネットセミナー動画の公開などを行ってきました。本書は、私がこれまで実施してきた講演やセミナーの内容を整理してまとめたもので、より多くの方がそのノウハウを活用し、外国人と円滑に交流できたらという思いから誕生しました。

　本書では、入門レベルの日本語を学んだ経験のある外国人として、30〜50時間ほど学習した外国人を想定しています。この時間数は、次の3点から算出しました。

①日本の大学の1コマである90分×15週の入門クラスに参加した場合、学習時間数は22.5時間で、外国語科目は通常1週間に複数コマ展開されることが多く、その総学習時間数は30時間以上になるから。

②私が教えていたイギリスの語学学校での入門コースは、2時間×15週で計30時間であったから。

③海外の日本語教育機関においても、多くの入門コースは30〜50時間程度で設計されているから。

これらの理由から、30～50時間ほど学習した外国人とのコミュニケーションを想定することにしました。もちろん本書で紹介する内容は、学習時間50時間以上の人に対しても適用可能です。

　なお、本書において「日本語」と表記されているものは、特別な断りがない限り「東京方言を基盤とする共通語」を意味します。また、本書中に使われる「外国人」とは、「幼児のときに身につけた言語（母語）や、第一にうまく使いこなせる言語（第一言語）が日本語ではない人」のことを表します。合わせて、「日本人」とは、「母語や第一言語が日本語である人」のことを表します。便宜上使っていることばですので、外国人・日本人を分け隔て、優劣をつける意図は一切ありません。ご理解いただければ幸いです。

　最後になりましたが、本書が外国人との交流の際、お役に立ち、楽しいひとときを過ごす一助になれば、筆者としてこれほど光栄なことはない所存です。

2018年5月

高嶋 幸太

目　次

はじめに　1
本書の構成　8

第1章
日本語で外国人とコミュニケーションができる.........11

1　外国人とどう接する？.....................13

2　なぜ日本語でコミュニケーションするのか？.................16

3　外国人も日本語を使ってみたい......................22

第2章
外国人に伝わる日本語で話す.................................27

1　自己紹介をする.........................28
　　〜名詞文で自身について説明しよう〜 日常 留学 学校 職場

2　今週末の予定を話す.........................34
　　〜動詞文で何をするか伝えよう〜 日常 留学 学校 職場

3　先週の京都旅行について話す......................38
　　〜形容詞文で感想を伝えよう〜 日常 留学 学校 職場

4　予定を聞いて誘う......................42
　　〜「〜ませんか」「〜ましょう」で勧誘しよう〜 日常 留学 学校 職場

5　好みを尋ねる......................46
　　〜「〜が好きです」で嗜好を確認しよう〜 日常 留学 学校 職場

6　駅案内をする......................50
　　〜記述して大切な情報を伝えよう〜 日常 観光

7　道案内をする......................54
　　〜指さしで場所を示そう〜 日常 観光

8 写真撮影を手伝う 58
　〜身振り手振りを使って説明しよう〜 日常 観光

9 時間を述べる 62
　〜モバイル・デバイスを活用しよう〜 日常 観光

10 コンビニで買い物をする 66
　〜具体的に要望を伝えよう〜 日常

11 ホーム・ビジットで話す 72
　〜疑問文を使って印象・感想を聞いてみよう〜 日常 留学

12 留学生に大学の施設を案内する 78
　〜動詞文で校内を説明しよう〜 留学 学校

13 留学生に授業について説明する 82
　〜記述して情報を整理しよう〜 留学 学校

14 体調不良の児童生徒に話しかける 86
　〜指さしを使って症状を把握しよう〜 学校

15 児童生徒の家庭に連絡事項を伝える 92
　〜最初に情報の全容を述べよう〜 学校

16 社外と日程調整をする 97
　〜日時の伝え方を工夫しよう〜 職場

17 社内で業務の依頼をする 102
　〜「〜てください」でお願いしよう〜 職場

18 デパートでフロアガイドをする 106
　〜地図を使って位置を示そう〜 日常 観光

19 衣料品店で接客する 112
　〜選択肢を提示して理解を促そう〜 日常 観光

20 商品案内をする 116
　〜名詞文で商品を説明しよう〜 観光

21 荷物発送の対応をする 120
　〜繰り返して確認しよう（1）〜 日常 観光

22 飲食店が電話で予約を受ける 124
　　〜繰り返して確認しよう（2）〜 日常 観光

23 飲食店で接客する 130
　　〜指さしで注文を確認しよう〜 日常 観光

24 宿泊施設でチェックインの対応をする 135
　　〜数字を正確に伝えよう（1）〜 観光

25 宿泊施設でチェックアウトの対応をする 139
　　〜数字を正確に伝えよう（2）〜 観光

第 3 章
外国人から見た日本語を知る 145

　1　外国人から寄せられる日本語に関する質問 147
　2　日本語の音声 151
　3　日本語の文字・表記 153
　4　日本語の語彙 158
　5　日本語の文法 160
　6　日本語のあいさつ表現 163
　7　日本語の数字 166
　8　日本語学習用の教科書における文体 170

　付録　日本語で外国人と話すための語彙一覧 175

おわりに　177
参考文献・参考資料　179
索引　180

○第 2 章について
外国人と接する場面を以下のように分け、記号をつけています。

日常 日常生活　　　　職場 職場での場面
学校 学校生活　　　　観光 観光での場面
留学 留学生との場面

本書の構成

　第1章では、外国人とコミュニケーションをしたり、交流したりするうえでの心構えなどについて述べています。

　第2章では、25の場面を想定し、外国人に伝わるように話す実践練習をしていきます。ここでは、日本語で外国人と話すための技術を意識せずにコミュニケーションをする　失敗例　と、その技術を意識してコミュニケーションをする　改善例　を提示し、それぞれ見比べられるようになっています。　失敗例　では、コミュニケーションが滞っていたり、外国人の理解をうまく得られていなかったりする一例を挙げます。それに対して　改善例　では、コミュニケーションが円滑に進み、外国人の理解が得られている一例を挙げます。そして　失敗例　・　改善例　のあとに、日本語で外国人と話す技術の　解説　と、最後に　ポイントの整理　が書いてあります。

　第3章では、普段から使っている日本語について、外国人の日本語学習者の観点も踏まえ、掘り下げています。

　付録では、日本語で外国人と話すための語彙が把握できます。ここでは、入門レベルで学ばれる日本語の語彙を、名詞、動詞、形容詞、副詞、接続詞、代名詞・連体詞と品詞別に分けて掲載しています。

　それぞれを読み進めていくことで、日本語で外国人と話す技術が身につけられるように構成しました。

　なお、一口に外国人と言っても、彼らはさまざまな目的で来日しています。例えば、留学を目的として来日している「留学生」は、日本語やそれぞれの専門分野を学ぶために来日しています。彼らは普段から「日本語を話したい」と思っているでしょう。また、仕事や結婚を機に来日し、日本に住んでいる「定住外国人」もいます。在留年数にもよりますが、彼らには日本語が通じる可能性が高いです。また、観光客として来日する外国人は、欧米系の方には英語が

通じる可能性が高いですが、アジア系の方には英語より簡単な日本語のほうが通じる可能性が高いです。

このように、私たちはさまざまなタイプの外国人と接する可能性があります。本書を順番に読み進めてもよいですし、どのようなタイプの外国人と出会う可能性があるかを考えて、以下のように目的に合った部分を中心に読んでいくこともできます。

それでは、奥深い日本語の世界をお楽しみください。

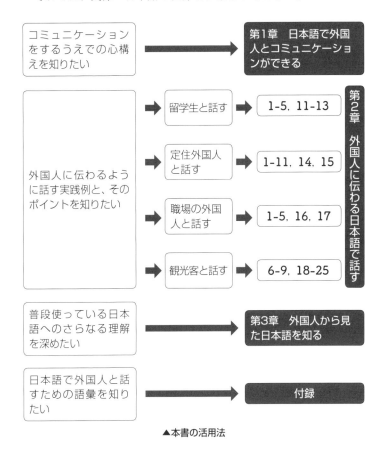

▲本書の活用法

第1章

日本語で外国人と
コミュニケーションができる

本章では、日本を訪れる外国人が増え
てきているという状況を踏まえ、彼らと
どう交流していけばよいのか、日本語で
のコミュニケーションはどういう意味を
持つのか、などを考えていきます。

日本を訪れる外国人の数は年々増加しており、日本政府観光局（JNTO）の調べでは、2017年の訪日外国人は約2869万人だったそうです。そして、日本政府は2020年における訪日外国人観光客の目標人数を4000万人に設定しています。また、総務省の統計によると、日本の在留外国人の数は2017年12月時点において256万人強と増加傾向にあります。さらに、独立行政法人日本学生支援機構（JASSO）の調査によれば、2017年5月における日本の外国人留学生数はおよそ26.7万人で、こちらも年々増加しています。

　このような動向を勘案すると、今後日本国内で外国人と接する機会はますます多くなることが予想されます。実際に、街中はもちろんのこと、交通機関やお店などで外国人の方々を目にすることも多くなりました。そうした中で、彼らとどのように交流していけばよいのでしょうか。

　本書では、先のような背景を踏まえ、外国人とのコミュニケーション法に着目し、日本語で外国人と話すための技術を紹介していきます。しかし、読者の中には「なぜ日本語で外国人とコミュニケーションする必要があるのだろうか」「本当に日本語でコミュニケーションができるのだろうか」と疑問に思う人もいるでしょう。本章では、外国人との交流や、彼らにとっての日本語の意味などを考えてみましょう。

① 外国人とどう接する？

　ここでは、私が実際に外国で体験したエピソードを紹介し、外国人とどう接するかを考えていきます。次の実例①は、私が初めてイギリスを旅行したときの話です。

[実例①]

　その日は、日帰り観光でロンドンのパディントン駅からオックスフォードまで行こうと考えていました。パディントン駅に着き、早速オックスフォード行きの電車の往復券を買おうと発券機の前に向かいました。しかし初めての発券機の前で困り果ててしまいます。というのは、タッチパネル上には情報が溢れかえっており、どこに往復の日帰りチケットを買えるボタンがあるのか、そして行き先であるオックスフォードのボタンはどこなのか、戸惑ってしまったからです。発券機の前で固まっていると、後ろで待っていた現地在住だと思われるイギリス人の女性が何やらこちらに話しかけてこようとします。操作が遅すぎたから文句を言われるのだろうと覚悟していると、彼女は一言 "May I help you?（手伝いましょうか）" と声をかけてくれたのです。すかさず私は「日帰りでオックスフォードを観光しようと考えている」と英語で伝えると、どこに日帰り往復券のボタンがあり、行き先はどこから検索できるかなどを丁寧に教えてくれました。あとになって考えてみれば、私はそのときに旅行のガイドブックを持っていましたし、その場に馴染んでいなかったので、明らかに観光客だと思われたのでしょう。

そして、困っているその観光客を手助けしようと女性が声をかけて
くれたというわけです。

　似たようなエピソードはモンゴルでも体験しました。

実例②

　最低気温がマイナス30度にもなる首都・ウランバートルの1月
に、勤務校へ向かって街中を歩いていると、突然目まいがしました。
その日は特に寒さが厳しく、数日間あまり体調がよくなかったこと
もあり、私はその場にうずくまってしまいました。すると、近くを
通りかかったモンゴルのご年配の男性が "Яасан бэ?（どうしたの）"
と声をかけてくれました。私がモンゴル語で「学校へ行かなければ
ならない」と何とか伝えると、肩を貸し「方向が同じだから送って
いくよ」と言って、いっしょに付き添い、校医がいるところまで送っ
てくれたのです。

　これらのエピソードから私が感じたことは、国籍や文化背景、母
語などは一切関係なく、イギリスでもモンゴルでも1人の人間とし
て、困っていた私を助けてくれたということです。

　我々は、**国籍や人種、母語や文化背景などは違っていても、同じ
人間です**。そうした中で、**お互いが気持ちよく過ごしていける社会
や環境を作っていきたいと考えるのが人類共通の思いだと考えます**。
したがって、「外国人とどう接するか」という問いに対しては、相手
にことばが通じるかどうかという心配をする前に、**まずは勇気を出
して、話しかけてみることを提案します**。お互いが気持ちよく過ご
せるように、思いやりを持って接することが一番大事なことだと考
えるからです。

　さて、ここで「はじめに」で書いた場面を再度考えてみましょう。
ここは日本で、あなたの目の前には観光客と思しき外国人がいます。

14

その人は、旅行ガイドブックを片手に持ち、目をキョロキョロさせながら空中を指さしています。その様子から察するに、どうやら道に迷ってしまったようです。さて、ここで質問です。あなたは特に用事がなく、急いでいるわけではないとしたら、この状況でどう行動しますか。その答えは、このまま本書を読み進めながら、いっしょに考えていきましょう。

2 なぜ日本語でコミュニケーションするのか？

　海外旅行をしている場面を想定してみます。あなたは現在ドイツを旅行しています。なぜここでドイツを設定したのかというと、ドイツ語を母語とする人と日本語を母語とする人の数は非常に近く、言語の認知度という点で日本への旅行と似ている状況設定ができると考えられるからです。さてあなたは、このドイツ旅行に向けて、以前から独学でドイツ語のあいさつや、簡単な会話表現を予習してきました。

場面①

　今日はベルリンのとあるマーケットで買い物をしています。あなたはある店先をのぞき、店員と目が合ったので"Guten tag.（こんにちは）"とあいさつをしました。それに対し店員も"Guten tag."と返します。そして商品を見ていると、お土産としてもよさそうなチョコレートを発見しました。パッケージを見てみると、値札のシールがないので、"Was kostet das?（これはいくらですか）"と言って、店員に値段を聞いてみました。すると店員は指を3本立て、"Drei Euro.（3ユーロです）"と答えました。気に入ったあなたは半ダース買うことに決めました。そしてその店を去る際"Tschüss!（それじゃあ）"と声をかけられ、あなたも"Tschüss!"と返し、店をあとにしました。

　何の変哲もない海外旅行における買い物の一場面ですが、このよ

うに予習してきたドイツ語を使って実際に買い物ができたとしたら、充実感や達成感もひとしおでしょう。というのは、**学習したドイツ語が相手に対し伝わったという喜びや、自分は今ドイツを旅行しているのだという実感を得ることができるからです。**

　それでは同じドイツの場面ですが、次のような店員の対応だったとしたら、どうでしょうか。

場面②

　今日はベルリンのとあるマーケットで買い物をしています。あなたはある店先をのぞき、店員と目が合ったので"Guten tag."とあいさつをしました。それに対し店員はアジア系の観光客だと判断し、英語で"Hello."と返しました。そして商品を見ていると、お土産としてもよさそうなチョコレートを発見しました。パッケージを見てみると、値札のシールがないので、"Was kostet das?"と言って、店員に値段を聞いてみました。すると店員は指を３本立て"Three Euro."と答えました。気に入ったあなたは半ダース買うことに決めました。そしてその店を去る際"Have a nice day."と声をかけられ、あなたも"Thank you."と返し、店をあとにしました。

　この例では、店員がアジア系の観光客だと判断し、英語で応対をしています。そのため、値段をドイツ語で聞いても英語で応対され、最終的には英語での会話となってしまっています。文字だけを見てみると、意思疎通は成立しています。しかし観光客であるあなたにとって、場面①で得られるような充実感や達成感はあまりないのではないでしょうか。というのは、観光客はドイツ語で会話をしようとしているのに対し、店員は英語を使って会話をしており、それぞれの意向にズレが生じているからです。

　それではこの場面を、日本を観光する外国人と、日本人の店員と

で考えてみましょう。

場面③

　とある外国人観光客が、東京上野のアメヤ横丁問屋街で買い物をしています。その観光客は、ある店の店員と目が合ったので「こんにちは」とあいさつをしました。それに対し店員は外国人観光客だと判断し、"Hello." と返しました。そしてお土産としてもよさそうなチョコレートを発見しました。パッケージを見てみると、値札のシールがないので、観光客は「これはいくらですか」と言って、店員に値段を尋ねました。すると店員は指を3本立て "Three hundred Yen." と答えました。気に入った観光客は半ダース買うことに決めました。そしてその店を去る際に店員は "Thank you." と声をかけ、観光客も "Thank you." と返し、店をあとにしました。

　こちらの例でも、観光客は日本語を使って会話をしようとしているのにもかかわらず、店員が英語を使っているため、双方間でズレが生じています。最初の「こんにちは」と最後の「ありがとうございました」だけでも日本語で接客したとしたら、観光客は日本を旅行しているという実感を得られたでしょう。

　次に、観光の場面であった実例をご紹介します。

実例③

　これはシンガポール人のホテルスタッフの話です。とある日本人観光客が英語でホテルのフロントで話していました。ホテルのサービスか何かについて尋ねているようですが、片言の英語なので理解が難しく、スタッフは何を言わんとしているかを一生懸命に推測します。実はこのスタッフは日本語が話せるのですが、最後までわかりやすい英語で応対するように努めたそうです。なぜなら、**自分が**

日本語を使って効率的に会話するよりも、お客さんに気持ちよく海外でのひとときを過ごしてほしいと思ったからだそうです。

　観光の場面から少し視点を変え、次のような実例もあります。

実例④

　10年以上日本に住むイタリア出身の友人が「私は英語母語話者でもないのに、事あるごとに英語で話しかけられて困る」と嘆いていました。彼は「"外国人＝英語"という図式を持っている人が多いけれども、私は英語よりも日本語のほうが得意なのだから、日本語でコミュニケーションをしたい」ということを言っていました。

　この友人はほかにも、「ここは日本なのだから、『すみません』『大丈夫ですか』などと声をかけてほしい」ということも言っていました。日本に在留する外国人は多くいるわけですから、同様に考える外国人は少なくないと思われます。

　場面①②③、実例③④からもわかるとおり、目の前にいる外国人が日本語を使って会話をし始めた場合は、こちらも日本語を使って会話を進めたほうがよいと思われます。なぜなら、外国人が**日本語で会話を始めたということは、日本語でのコミュニケーションを望んでいる可能性が高い**からです。その理由として、学んだ日本語を使ってみたいからという人もいますし、英語よりも日本語のほうが得意で、意思疎通しやすいからという人も存在します。日本人が日本語以外のことばで対応してしまうと、相手の意向を退ける形になってしまう可能性があるということにも配慮が必要です。

　他方で、目の前にいる外国人が英語やそのほかの外国語で会話をし始めた場合は、こちらもその言語で応対したほうがよいでしょう。なぜなら、日本語でのコミュニケーションを望んでいないのに日本語で会話をしようとしても、理解が深まらない可能性が高いから

です。相手の使う言語ができない場合は、イラストや写真などをさして伝えたり、書いて筆談をしたり、モバイル・デバイス（スマートフォンやタブレットなど）を使ったりすることで応対ができます。これは観光の場面だけではなく、道案内や日常会話など、外国人と接する場面すべてに言えることです。

　外国人とのコミュニケーションというと、まず真っ先に「英語を使わなければならない」と考え、大上段に構える人が多いかと思います。そうではなく、相手の使う言語や状況などを踏まえ、その場面に即した言語や応対を考える必要があります。これまで見てきたように、必ずしも英語で応対することが最善の選択でなかったり、相手が望むコミュニケーション方法ではなかったりする可能性もあるのです。そのため、**日本にいる外国人とのコミュニケーション場面において「日本語を使う」という方法は、優先度の高い選択肢の1つとなります。**

相手に伝わりやすい文の長さ

相手に伝わりやすい文を作るためには、どうすればよいのでしょうか。ここでは、文の長さに着目してみます。例えば以下は、会議の場面における発言です。

「この度、我々が発売しようとしている新商品です<u>けれども</u>、社内ではいろいろな意見があったのです<u>が</u>、年度末に社長決裁がおりまして、来月から店頭にて販売されるわけなんです<u>けど</u>、1つだけ懸念事項があります。それは……（以下同様に続く）」

いかがでしょうか。会議の場面で社員からこのような発言があるのは現実的にあることだと思います。ただし1文が長すぎます。そして、何が言いたいのかが最後まで見えてこないというもどかしさもあります。このように接続助詞「けれども」「が」が頻出すると、終わりが見えない長い文になってしまうので注意が必要です。

文書作成やスピーチなどにおいて受け手にわかりやすく伝えるためには"One Topic Per Sentence（1文につき1つのトピック）"が大原則です。 しかし上の例では、接続表現が何度も出てきており、要点がぼやけてしまっています。以下のように適度に句点を打つことで、受け手にとってわかりやすい文を作ることができます。

「この度、我々が発売しようとしている新商品には社内でいろいろな意見がありました。しかし、年度末に社長決裁がおり、来月から店頭にて発売されます。ただ、1つだけ懸念事項があります。それは……」

前者と後者を比べると、後者の文章のほうが圧倒的にわかりやすいです。これは、適度に文章が区切られていて、"One Topic Per Sentence（1文につき1つのトピック）"の原則が守られているからです。記述においても口述においても、このようなほんのひと工夫で、わかりやすく伝えることができるのです。

③ 外国人も日本語を使ってみたい

　外国人とのエピソードで、私の友人から次のような話を聞いたことがあります。

実例⑤

　前方にいる欧米人と思しき人がかばんの中身を漁っているときに、財布を落としたそうです。それを見ていた友人は落としたことを伝えようと、昔学校で習った英語の知識を急いで思い返しました。「この場合 "fall" を使うんだよな」「いや "drop" のほうがいいか」「とりあえず最初は "Excuse me" で声をかけることにしよう」。そう考え、恐る恐るその外国人に "Ex, excuse me..." と話しかけました。すると、その人は流ちょうな日本語で一言「あ、日本語で大丈夫です」。
　そのあとは難なく財布を落としたことが伝えられたそうです。

　この実例⑤は、英語ではなく実は最初から日本語でコミュニケーションが可能だったというエピソードです。私が体験したイギリスの実例①も、モンゴルの実例②も、現地の方からそれぞれ英語、モンゴル語で声をかけられました。これは考えてみれば当たり前で、イギリスにいれば英語で話しかけられますし、モンゴルにいればモンゴル語で話しかけられるのは当然です。さらに言えば、ベトナムにいれば現地の人からベトナム語で話しかけられますし、パラグアイにいればスペイン語で話しかけられるでしょう。それと同様で、日本にいれば日本語で話しかけられるのも自然の流れだと言えます。そう考えれば、日本国内で外国人と話すときに日本語を使うのは不自然なことではないのです。
　ほかにも留学生の話として次のようなエピソードを聞いたことが

あります。

実例⑥

　台湾から来たこの女性留学生は大学のサークル文化を知りたいと思い、あるサークルに入りました。そのサークルに留学生が入部することは珍しかったらしく、入部当初からサークルのメンバーに英語で矢継ぎ早に話しかけられたそうです。そのとき彼女は留学生がほかにいないので「そんなものなのかな」と思っていました。しかし、数週間経っても彼女とのコミュニケーションは主に英語のままで、サークル内でのコミュニケーションは英語で変わりなく続きました。大学で日本語を学んでいた彼女は日本語でのコミュニケーションを望んでいたのですが、遠慮してそのことを伝えられなかったそうです。

　この例からも日本語での交流を望んでいる留学生と、英語で会話をする日本の大学生とで認識にズレが生まれています。確かに日本の大学生がこれまで学校で学んできた英語を使ってコミュニケーションをしてみたいという気持ちを持つのも当然でしょう。しかしそれと同様に、日本語を学ぶ留学生も日本語を実際に使ってみたいのです。

　さらにもう1つ、私が担当した日本語のクラスの例をご紹介しましょう。

実例⑦

　私が入門レベルの日本語のクラスを担当したときのエピソードです。ある授業で「〜をください」という注文のしかたを教えました。そして1週間後、オーストラリアから来た1人の留学生が嬉しそうに私に話しかけてきました。彼はそれまでメニューを指さして注文

をしていたそうですが、先週の授業のあとに、レストランへ行き、「〜をください」を実際に使ってみたそうです。すると、店員にその日本語が通じ、無事に注文したものが運ばれてきたと嬉しそうに私に伝えてくれたのです。

　日本で広く使われている言語は言うまでもなく日本語です。そのため、**日本語を用いてコミュニケーションをするということは自然なことなのです。**本章で紹介した実例から、コミュニケーションで使用する言語として、英語以外にも日本語も問題ないということが、おわかりいただけたかと思います。**もし仮に外国人に日本語で話しかけ「日本語がわからない」という反応があったのなら、対応を切り替えればよいだけなのです。**

　また、外国人と接する際、場面に適した語彙や表現を選び取って使っていくことが求められます。なぜなら、ことばは伝えるほうの話し手、書き手だけのものではなく、受けるほうの聞き手、読み手のものでもあるからです。ある場面において、どのような印象を与えるか、受け手がどう感じるか、などの配慮を持って、ことばを使っていくのが私たちに求められる言語能力・言語感覚だと言えるでしょう。したがって、**私たちが外国人と接する際は、受け手である彼らにとってわかりやすいのか、伝わりやすいのかということにも考慮する必要があるのです。**同様に受け手側の姿勢としても、お互いに気持ちよく交流できるよう、**相手が発することばを途中で遮らず、きちんと耳を傾けてその意図を汲み取ろうとする姿勢が重要**だと言えるでしょう。

本章のまとめ

　第1章では、外国人とのコミュニケーションについて考えてみました。日本にいる外国人に対して、英語を使ったコミュニケーション以外にも、**日本語を使用したコミュニケーションも優先度の高い選択肢である**ということをご紹介しました。というのは、目の前にいる外国人が日本語で会話を行う場合は、日本語でのコミュニケーションを望んでいる場合が多いからです。その理由として、日本語を学習していて日本語で会話したいから、英語などのほかの言語より日本語のほうが円滑に会話できるから、などが考えられます。日本語以外のことばで対応してしまうと、相手の意向を退ける形となってしまうということにも留意する必要があります。

　また、ことばは伝え手である話し手、書き手だけのものではなく、受け手である聞き手、読み手のものでもあります。**ある場面において、伝え手としても受け手としても、相手がどう感じるか、どのような印象を与えるかなどの配慮を持つことが大切**だと言えるでしょう。

COLUMN

日本語学習者はカワイイ？

　成人の日本語学習者が日本語で一生懸命に話そうとしている姿に対して、日本人が「カワイイ」と発言しているのを何度か耳にしたことがあります。私はこの「カワイイ」という発言には違和感を禁じ得ません。なぜなら「カワイイ」という形容詞は、本来愛くるしいもの、例えば幼児やペット、あるいは何かのキャラクターなどを形容する際に使うことばだからです。つまり、このことばを外国人の日本語学習者に対して使うということは、その意図がないにせよ、彼らを子ども扱いしているように聞こえてしまうのです。日本語学習者を「あの子」などと呼ぶのも同様です。

　反対の立場で考えてみましょう。自身が学んだ外国語を使い、一生懸命に話しているのを母語話者が陰で「あの子の話し方はカワイイ」などと形容していたとしたら、どう感じるでしょうか。私はあまりよい気はしません。このような場面で快く思う人は、あまり多くないはずです。

　したがって、人と交流する場面においては、相手が外国人である、日本人であるなどは関係なく、お互いに人格を持った1人の人間として接する必要があります。発言1つを取ってみても、受け手が「どう思うのか」「どう感じるのか」ということへの配慮が重要だと考えます。

第2章

外国人に伝わる
日本語で話す

　本章では、入門レベルの日本語を
使って外国人に伝わるように話す実践
練習をしていきます。以下に25の場面
を用意しました。それぞれの場面にお
いて、どのような日本語でコミュニケー
ションをするか、考えてみてください。

① 自己紹介をする
～名詞文で自身について説明しよう～

あなたの目の前に初対面の外国人がいます。日本語を少し学んだその外国人に、自己紹介をしてください。

内容☞
1. あいさつ
2. 名前
3. 仕事

✖ 失敗例

あなた	こんにちは。私の名前は田中と申します。

外国人	はじめまして、ヤンです。

あなた	ヤンさんはどちらの国からいらっしゃったんですか。

外国人	え……すみません、何ですか。

あなた	あの、ご出身はどちらのお国ですか。

外国人	あ、出身。フィリピンです。

あなた	あ、そうですか。お仕事は何をなさっているんですか。

外国人	え？お仕事ですか。

あなた	はい、お仕事。

外国人	システムエンジニアです。田中さんは。

あなた	私は西東京物産に勤めていて、サラリーマンをしています。

外国人	あぁ、そうですか。

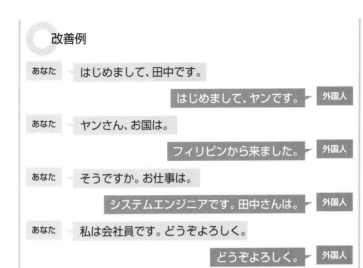

　「失敗例」のほうは、外国人がやや戸惑い気味で、会話がスムースでない印象を受けます。なぜこのようになってしまったのか、その原因は主に2つ考えられます。

　まず1つ目は、田中さん（あなた）が「申します」「いらっしゃった」「なさっている」などの敬語表現を使っている点です。敬語の使い方は日本人でも難しく、特に外国人が日本語学習において敬語を学ぶことになるのは、基本的な表現の学習を終えて、少し段階が進んだあとになります。**この場面で敬語を使ったとしても、外国人には通じない可能性が高い**と言えます。そういった理由から、出身や仕事を聞かれても、外国人のヤンさんはなかなか意味がわからなかったのでしょう。

　2つ目は、1文が長くなってしまっている点です。例えば日本語を少し学んだ外国人にとっては「私の名前は田中と申します」「私は西

東京物産に勤めていて、サラリーマンをしています」などの文は長いです。

では、このような自己紹介の場面では、どんな点に注意して話せばよいのでしょうか。「改善例」を見ながら考えましょう。ポイントは5つです。

❶あいさつ表現

最初と最後は「はじめまして」「どうぞよろしく」のようにあいさつ表現を使っています。あいさつ表現は、外国人の日本語学習において最初の段階で学ばれるため、特に問題なく使うことができます。

❷名詞文

内容①～③の表現において、敬語は一切見られず、文をシンプルにするために名詞文を使っています。どの文も長くありません。**名詞文とは、述語（動作・状態・性質などを述べることば）に名詞が使われる文**のことをさします。例えば「私は会社員です」は名詞文です。名詞文では**「AはBです」**という形になることが多いです。Bの部分が名詞なので、名詞文と呼ばれます。また改善例の「田中です」「ヤンです」「システムエンジニアです」では、すべての文の主語は明らかなので、「私は」は述べられていません。

英語の授業を思い返してみてください。最初のころは"I am Sato."や"This is a pen."などのような文型を学んだのではないでしょうか。外国人が学ぶ日本語の授業（日本語教育といいます）でも同様で、最初の段階では「私は田中です」「これはサクラです」などの名詞文が学ばれます。名詞文は、外国語を学ぶときの一番基本的な文型だと言えます。また名詞文を学習する際は「これ・それ・あれ・どれ」「この・その・あの・どの」「ここ・そこ・あそこ・どこ」などのこそあど言葉、いわゆる指示詞も学ばれます。

名詞文はどのような場面で使うとわかりやすいでしょうか。自己紹介以外にも、いくつかの場面を例に取って、紹介します。

　このように、名詞文を用いて場所を案内することができます。この場面では、指でさすことにより、場所が明確になります。

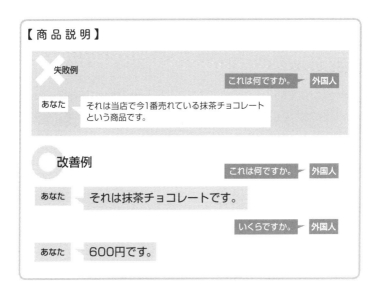

　このように、名詞文で商品を説明することができます。名詞文における述語の部分には「何」「いくら」などの疑問詞も使われます。

また、時間やごみを出す日に関する情報のやり取りもできます。

これらのように「AはBです」を基本にして、さまざまな表現ができます。これ以外にも「AはBです」のBを少し変化させて、次のような文も作れます。

「この銀行は9時からです」「この銀行は3時までです」
「この銀行は9時から3時までです」

上の2つの文では「AはBです」のBの部分について「Cから」や「Dまで」のように助詞が変わっています。また、その下の「AはCからDまでです」は銀行の営業時間を伝える内容となっています。ほかにも「休みは土曜日と日曜日です」のように休業日を言うこともできます。さらにAの部分で助詞「まで」を使い、「鹿児島中央駅までは320円です」のように運賃を伝えることも可能です。

❸肯定文・否定文

外国人が日本語を学ぶ入門段階では、否定文も学習します。例えば「トイレはそこじゃないです」「私は学生ではありません」などです。名詞文の否定の形は「〜じゃないです」「〜ではないです」「〜じゃありません」「〜ではありません」のような形がありますが、日本人が話すときは「〜じゃないです」を多く使うと言われています。本書では原則として「〜じゃないです」を使用します。

❹言いさし表現

　伝えたいことだけを言って、その先は言い切らない「言いさし表現」も会話中で使用できます。例えば、「お名前は」「お国は」「お仕事は」などのように「～は」で文を区切って尋ねます。完全な文にすると、「お名前は何ですか」「お国はどこですか」「お仕事は何ですか」ですが、よりシンプルに、短い文にしたほうが、相手にも伝わりやすくなります。

❺単語

　「サラリーマン」は和製英語ですので、相手に通じるとは限りません。ここでは「会社員」という単語を使っています。

　このように、基本的な名詞文だけでも多くのことを述べることができます。日本語を少し学んだ外国人と会話をする際は、この名詞文を意識してみてください。

　ポイントの整理

●名詞文（AはBです）を使って文を組み立てる
●敬語を使わずに、シンプルな文になるように意識する

2 今週末の予定を話す
～動詞文で何をするか伝えよう～

日本語を少し学んだ外国人に週末の予定を尋ねられました。土曜日と日曜日に何をする予定か、伝えてください。

内容☞
1. 曜日
2. 時間帯
3. すること

✗ 失敗例

あなた
土曜日の午前、うちで朝ご飯を食べたり
テレビを見たりしてから、12時に駅で友達と会って、
レストランで昼ご飯を食べる予定です。
昼ご飯を食べたあとに、映画館で映画を見て、
6時ごろにうちに帰って、
料理を作ろうかなって思っています。
日曜日は家でのんびりするつもりです。
本を読んだり音楽を聞いたりして
ゆっくりしようと思っています。

改善例

あなた
土曜日の午前、うちで朝ご飯を食べます。
テレビを見ます。
12時に駅で友達と会います。
そして、友達とレストランで昼ご飯を食べます。
それから、映画館で映画を見ます。
6時にうちに帰ります。
うちで料理します。
日曜日はうちにいます。
本を読みます。
そして、音楽を聞きます。

解説

「失敗例」では、日本語を少し学んだ外国人がすべて正確に理解できるかどうかはわかりません。曜日や時間などは早い段階で学ばれる学習項目ですので、会話中に使用することができます。しかし、1文が非常に長いため、文としては理解しにくくなっています。例えば、「うちで朝ご飯を食べたりテレビを見たりしてから（中略）食べる予定です」や「本を読んだり音楽を聞いたりしてゆっくりしようと思っています」などです。文が長いですし、1文の中に何度も動詞が使われているため、わかりにくくなってしまっています。

では、どのような点に注意して話せばよいのか、「改善例」を見てみましょう。ポイントは主に4つです。

❶動詞文

動作について話す場合は、主に動詞文を使います。**動詞文とは述語に動詞が使われる文**のことです。動詞文である「昼ご飯を食べま

す」「映画を見ます」「うちにいます」などを用いることで、自身の動作や所在を伝えることができます。

今回の場面ではさまざまな動詞が使われています。例えば「会います」「帰ります」「います」などです。「行きます」「来ます」「帰ります」などは**移動を表すため移動動詞**と呼ばれます。また「います」「あります」などは**存在を表すため存在動詞**と呼ばれます。

ほかにも、「食べます」「見ます」「聞きます」などの動詞も使用されています。これらの動詞では「昼ご飯を」「映画を」「音楽を」などのように「〜を」を使って動作の対象を述べています。

英語の授業を思い返してみましょう。最初の段階では、eat, watch, listen, go などのような日常生活を述べるのに必要な動詞から学んだのではないかと思います。それと同様に、日本語の授業でも日常を言い表すのに必要な動詞から学ばれることが多いです。学習時間約30〜50時間のうちに学ばれる主な動詞の一覧は、付録（⇨巻末）を参照してください。

❷動詞の活用

失敗例での動詞の形（活用形）は、「（食べ）たり」「（食べ）る」「（作ろ）う」などが使われていますが、日本語を少し学んだ外国人の場合、これらの活用はまだ学ばれていない可能性があり、通じないことが予想されます。さまざまな形に活用させるのではなく、改善例のようにシンプルに、現在や未来のことは「食べます」のような「〜ます」の形で述べたほうが伝わりやすくなります。

❸文の構造

文を組み立てる際、1文はできるだけ短くなるように心がけましょう。「（私は）うちで朝ご飯を食べます」「（私は）本を読みます」などのように、**主語に対応する述語が1文中に1度だけ登場する文を単文**と言います。単文は文の構造がシンプルであり、相手に対してわかりやすく伝えることができるため、意識して使ってみてください。

❹助詞

「で」「と」などの簡単な助詞なら、日本語を少し学んだ外国人にも通じます。今回の場面では、「うちで」「レストランで」「映画館で」などと動作を行う場所を述べたり、「友達と」のようにいっしょに動作を行う人を伝えたりしています。

このように、動詞文を基本とすることで、今週末の予定を伝えることができるのです。

ポイントの整理

●動詞文を使って文を組み立てる
●単文で話すように心がける
●助詞を用いて場所やともに動作する人などを述べる

③ 先週の京都旅行について話す
〜形容詞文で感想を伝えよう〜

先週、あなたは京都を旅行しました。そのときのことについて日本語を少し学んだことのある外国人の友人に話してください。

内容
1. **行ったところ**(清水寺、龍安寺)
2. **食べたもの**(京料理、抹茶)
3. **感想や様子**

✗ 失敗例

あなた
先週、京都に行きました。
清水寺に行ったんですが、
非常に高いところに作られていて、ぞっとしました。
そして、龍安寺に行きました。
龍安寺の有名な石庭を見たんですが、
とてもきれいで感動しました。
そのあと、龍安寺の近くにある料亭に行って、
京料理を食べたり抹茶を飲んだりしました。
出てくる料理すべてがおいしかったです。

◯ 改善例

あなた
> 先週、京都に行きました。
> 清水寺に行きました。
> 清水寺はとても高かったです。
> そして、龍安寺に行きました。
> 龍安寺の有名な庭を見ました。
> とてもきれいでした。
> それから、龍安寺の近くで京料理を食べました。
> 抹茶も飲みました。
> とてもおいしかったです。

解説

最初に「失敗例」を確認しましょう。一見すると、いきいきと京都旅行を描写しているように見えるのですが、この説明だと日本語を少し学んだ外国人にとっては難しく感じる可能性が高いです。その理由は次の3つです。

1つ目は長い1文です。「〜んですが」を用いて文と文を接続させ、長い1文を作り出しています。そのため、説明が伝わりにくくなっています。この場合、適度に1文を短くし、接続詞である「そして」や「それから」などを用いて文をつなげていったほうがわかりやすくなります。

2つ目は「龍安寺の近くにある|料亭|」や「出てくる|料理|」のような、動詞を使った名詞修飾を使っている点です。**名詞修飾**とは、ある単語（名詞）を説明するために、その単語の前に動詞などを使って説明することです。

3つ目は受身文が使用されている点です。「清水寺は高いところに

作られている」という文は受身文です。しかし、受身文は、日本語の学習において基本的な表現を学んだあとに習う文法項目ですので、伝わらないことが予想されます。

次に「改善例」を見ていきます。ポイントは4つです。

❶形容詞文

「清水寺はとても高かったです」「龍安寺の庭はとてもきれいでした」などのように述語に形容詞が使われる文のことを形容詞文と言います。この形容詞文を用いることで、事物の様子・性質・感想などを伝えることができます。形容詞文でも、動詞文と同様、1文がなるべく短くなるように意識してください。

今回の場面は、先週末の京都旅行について話す設定だったため、動詞や形容詞の形は「（行き）ました」「（高）かったです」「（きれい）でした」などのように過去形になっています。

❷い形容詞とな形容詞

日本語教育では、形容詞を「い形容詞」、形容動詞を「な形容詞」と呼びます。形容詞は「美しい町」のように名詞の前が「い」なので「い形容詞」と呼ばれ、形容動詞は「静かな町」のように名詞の前が「な」になるので、「な形容詞」と呼ばれます。このように入門レベルのい形容詞やな形容詞を使って、寺や庭の様子を外国人にもわかるように伝えることができます。入門レベルで学ばれる主な形容詞は、付録（⇨巻末）を参照してください。

❸述語用法と修飾用法

形容詞の用法としては**述語用法**と**修飾用法**の2つがあります。**述語用法では、形容詞を述語として使い、事物の様子・性質・感想などを述べ**ます。例えば「京都はとても美しいです」は述語用法です。**修飾用法では、形容詞が名詞の前に置かれ、その名詞を説明します。**例えば「京都は美しい町です」は修飾用法です。

改善例では、「清水寺はとても高かったです」のような述語用法、

40

「有名な庭」のような修飾用法、どちらの用法も使われています。このように、形容詞を使って、清水寺の印象を述べたり、龍安寺の石庭がどんな庭であるのかを説明したりすることができるのです。

❹オノマトペ

「ワンワン」「ザーザー」など実際に聞こえる音を表したことばを擬音語と言い、「ふわふわ」「どきっ（と）」など動作や様子、状態などを表したことばを擬態語と言います。これらを総称して「**オノマトペ（onomatopée）**」と言います。失敗例では「ぞっ（と）」という擬態語が使われていますが、改善例では使われていません。擬音語や擬態語などのオノマトペは入門レベルではあまり多く学ばれません。そのため、日本語を少し学んだ外国人にとっては難しいと思われます。使用には注意が必要です。

今回の場面のようにエピソードを話す際は、実際の写真などを見せながら話すことで、より情景をありありと伝えることができます。

ポイントの整理

●形容詞文を使って感想や様子などを述べる
●形容詞の述語用法と修飾用法を使い、場面や状況を伝える
●受身やオノマトペ、動詞による名詞修飾などは使わない

4 予定を聞いて誘う
～「～ませんか」「～ましょう」で勧誘しよう～

外国人の友人に来週土曜日の予定を聞き、ご飯に誘ってください。

内容☞　①土曜日の予定
　　　　②会う時間と場所

✕ 失敗例

あなた	ジョージさん。	
	はい。	外国人
あなた	来週の土曜日、何か予定入っていますか。	
	え、よていはいって？	外国人
あなた	土曜日の予定。	
	土曜日ですか。ジムに行きます。	外国人
あなた	その日、夜って空いていますか。	
	夜ってあい……えー、夜何もしません。	外国人
あなた	そうですか。 じゃあ、いっしょにご飯でも食べに行きませんか。	
	わかりました。	外国人
あなた	ジムは何時に終わりますか。	
	6時です。	外国人
あなた	じゃあ、7時に大森駅で待ち合わせしましょう。	
	すみません、もう1度。	外国人
あなた	7時に大森駅で待ち合わせです。	

改善例

あなた: ジョージさん。

外国人: はい。

あなた: 来週の土曜日、何をしますか。

外国人: 土曜日、ジムに行きます。

あなた: 夜は何をしますか。

外国人: 何もしません。

あなた: じゃあ、いっしょにご飯を食べませんか。

外国人: いいですね。行きましょう。

あなた: ジムは何時までですか。

外国人: 6時までです。

あなた: じゃあ、7時に大森駅で会いましょう。

外国人: すみません、もう1度。

あなた: 7時に大森駅です。7です。

外国人: はい、わかりました。

解説

最初に「失敗例」を見てみましょう。会話が何度か滞っているように見えます。どうしてなのでしょうか。その理由として、以下の2つが考えられます。

1つ目は「〜ています」という表現が使われている点です。日本語を少し学んだ外国人の場合、「入っていますか」「空いていますか」

などのような「〜ています」という文型はまだ学んでいない可能性が高いです。そのような理由から、予定を尋ねられたときに返答に迷ってしまったのではないかと予想されます。

2つ目は使用している語句が難しい点です。例えば、「予定が入る」「空く」「待ち合わせする」などは、日本語を少し学んだ外国人にとっては難しいでしょう。この場合、「予定入っていますか」は「何をしますか」、「夜って空いていますか」は「夜は何をしますか」、「待ち合わせしましょう」は「会いましょう」とすることで、単純にして述べることができます。

次に「改善例」を確認していきましょう。本場面でのポイントは3つです。

❶予定を尋ねる

予定を尋ねるときは、基本的に「何をしますか」を使います。それに曜日や時間帯を付け加えれば、特定の日時の予定を尋ねることができます。予定を聞かれた相手は「〜ます」の形を使って答えます。

❷勧誘表現

ジムのあとは「何もしません」と相手が言っているため、勧誘を表す「〜ませんか」を使って食事を提案しています。そのあと「〜ましょう」を使い、相手も応答しています。最後に、待ち合わせ時間と場所を決め、約束を確定させることができます。

外国人に「予定を聞いて誘う」ことは難しいと思われるかもしれませんが、実際はそれほど複雑な内容ではないことがわかります。このように、「何をしますか」「（食べ）ませんか」などの表現を使って、簡単に誘うことができるのです。

❸待ち合わせ時間の伝え方

この場面における工夫点として挙げられるのは、「7時であること」を言い換えて伝えている点です。最初は「7時」と普通に述べてい

ますが、念のため「8時(はちじ)」と間違えないよう「7(なな)」とも言っています。

ポイントの整理

- ●「〜ませんか」「〜ましょう」で勧誘や提案をする
- ●繰り返しや言い換えを使い、正確に情報を伝える

「疑問文」

疑問文の形式には、疑問詞疑問文と諾否疑問文が存在します。

疑問詞疑問文とは「何」「どこ」などの疑問詞がついた疑問文です。例として「趣味は何ですか」「これは何ですか」「トイレはどこですか」などが挙げられます。

一方で、**諾否疑問文**は「はい」「いいえ」で返答ができる疑問文です。例えば「趣味はサッカーですか」「これはリーさんのかばんですか」「トイレはあそこですか」などです。

疑問詞疑問文で尋ねて外国人の方が戸惑っているようでしたら、諾否疑問文に切り替えて、答えやすいような質問をしてみましょう。

5 好みを尋ねる
～「～が好きです」で嗜好を確認しよう～

先の場面の続きです。土曜日の夜にご飯を食べに行く約束を取りつけました。引き続き会話の流れで、どのようなお店に行くかを決めてください。

内容 ☞　①好きなもの・飲酒の有無
　　　　②レストランの提案

✗ 失敗例

あなた：何を食べましょうか。何か食べたい物ってありますか。

外国人：食べたい物？

あなた：そうです、食べ物。

外国人：魚が好きです。

あなた：そうですか。ジョージさんはお酒、飲めますか。

外国人：飲め？

あなた：お酒です。

外国人：あ、お酒。飲みません。

あなた：わかりました。
　　　　じゃあイタミ屋に行ってみましょうか。

外国人：イタミ屋を見ます？

あなた：イタミ屋です。
　　　　大森駅からだと、だいたい5分くらいで行けますよ。

外国人：5分で行け……。

◯ 改善例

あなた	何を食べましょうか。 ジョージさんは食べ物で何が好きですか。
外国人	私は魚が好きです。
あなた	そうですか。お酒は飲みますか。
外国人	私は飲みません。
あなた	わかりました。じゃあイタミ屋に行きましょう。
外国人	イタミ屋？
あなた	はい。イタミ屋の魚料理はとてもおいしいです。 大森駅からイタミ屋までは5分です。
外国人	はい、わかりました。

解説

　どのようなお店に行くのか、相手の好みや嗜好などを尋ねつつ決める場面です。最初に「失敗例」を見てみましょう。会話の流れが何度か悪くなっているように感じます。その理由として、以下の3つが考えられます。

　1つ目は名詞修飾です。最初の「食べたい物」は、「食べたい」を使った名詞修飾です。そのあとに「ありますか」が続いており、文を複雑にさせています。もう少し文をシンプルにして、尋ねることができます。

　2つ目は「〜てみる」という表現です。提案する際の「行ってみましょう」も、日本語を少し学んだ外国人にとっては難しいです。「〜てみる」「〜てしまう」「〜てある」「〜ておく」のように**本動詞**

（〜の部分）の補助的な役割を果たすものを補助動詞と言います。補助動詞を使った「〜てみましょう」の形にせず、「行きましょう」で十分通じます。

3つ目は「飲めます」のような可能を表す動詞の形が使われている点です。失敗例では、「お酒、飲めますか」と尋ねていますが、まだ学んでいない可能性があるため、「飲みますか」と尋ねたほうがわかりやすくなります。

次に「改善例」を見ていきます。本場面におけるポイントは全部で3つです。

❶「〜が好きです」

最初は「〜が好きです」を使って食の好みを確認することができます。この場面では「カテゴリー で／は何が好きですか」を基本として尋ねています。同様にスポーツについて聞く際は「スポーツ で／は何が好きですか」、フルーツについて聞く際は「フルーツ で／は何が好きですか」などと質問することができます。

❷明確化要求への返答

この外国人はイタミ屋がわからなかったようで聞き返しています。聞き慣れないことばは、このように聞き返される可能性が高いです。この場合、「イタミ屋」の部分を再度ゆっくりはっきりと発語し、魚料理がおいしいお店だと形容詞文で述べることで、どのようなお店なのかをさらに詳しく説明することができます。

❸所要時間

失敗例では所要時間を述べる際に「大森駅からだと、だいたい5分くらいで行けますよ」のように可能動詞「行けます」を使っています。しかし、わかりやすさの観点から、名詞文「AはBです」を使ったほうが伝わりやすくなります。所要時間を述べる場合は、Aの部分に「（場所）から（場所）まで」を代入することで、「**（場所）から（場所）までは（時間）です**」という形が作れます。これを用

いて、「大森駅からイタミ屋までは5分です」と店までの所要時間を伝えることができます。

　先の場面と今回の場面とを併せて、勧誘して好みを尋ねる、というコミュニケーションを行いました。このような表現を使用することで、勧誘からお店の相談までができます。

 ポイントの整理

- ●「～が好きです」を使って嗜好を確認する
- ●「(場所)から(場所)までは(時間)です」で所要時間を述べる
- ●「飲めます」「行けます」のような可能を表す形は極力避ける
- ●なるべく補助動詞を使わず、シンプルに言う

6 駅案内をする
～記述して大切な情報を伝えよう～

　あなたは今、新宿駅にいます。駅構内で外国人に新宿駅から東京駅までの行き方を日本語で尋ねられました。東京駅までの行き方を日本語で説明してください。ちなみに、新宿駅の8番線から東京行きの中央線が出るとします。

> **内容☞**
> ①何番のプラットフォームか
> ②何線に乗るか

✗ 失敗例

	すみません、東京駅はどこですか。	外国人
あなた	そこの階段を上ったところにある8番線のプラットフォームから中央線が出ています。	
	何ですか。ちゅ、ちゅうお……？	外国人
あなた	中央線です。	
	中央線。	外国人
あなた	その中央線に乗れば、東京駅まで行けますよ。	
	すみません、中央線はどこですか。	外国人
あなた	8番線です。	
	8ですか？	外国人
あなた	ええ、そこの階段を上ってください。	
	あ、はい……。	外国人

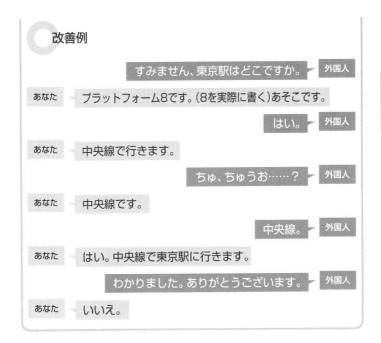

「失敗例」では、東京駅までの行き方を漏れなく説明しているように思えますが、円滑なコミュニケーションをしているとは言えないようです。その理由は次の2つです。

1つ目は文が複雑である点です。例えば、「そこの階段を上ったところにある8番線」という文は動詞を用いた名詞修飾です。この場合、単純に指さしで場所を示したほうがわかりやすいでしょう。ほかにも「中央線に乗れば、東京駅まで行けます」という文も、1文中に「乗る」「行ける」のように動詞が2度も登場しているので、複雑な構造になってしまっています。

2つ目は膨大な情報量です。「そこの階段を上ったところにある8

番線のプラットフォームから中央線が出ています」という1文には、「そこの階段」「8番線」「中央線」などの大切な情報が多く詰め込まれています。このような長い説明をすると、聞き手としては瞬時に情報を処理するのが困難になってしまいます。「中央線」など相手に馴染みのない単語もあるため、1度に提示する情報量をコントロールする必要があります。

次に「改善例」を確認していきましょう。ポイントは3つです。

❶重要な情報の提示法

今回の場面では「8番線」「中央線」が重要なキーワードでした。これらの情報は「プラットフォーム8です」「中央線で行きます」のように1つ1つ提示されています。このように、1度に提示する情報量を調整する際は "One Topic Per Sentence（1文につき1つのトピック）" を意識してください。

❷記述

外国人と接する場面では、口頭以外のコミュニケーションも常に念頭に置いておく必要があります。このような**口頭によらないコミュニケーションのことを非口頭コミュニケーション**（non-oral communication）と言います。駅案内をする際は、**非口頭コミュニケーションの記述**を使うのが有効です。例えば「プラットフォーム8」というのがこの場面ではキーワードになります。念のために、メモを書いて渡したり、空中に8と指で書いて空書したりするのがよいです。

そして次に重要となる単語が「中央線」です。この場面では、外国人は聞き慣れない単語であったため、聞き返しています。その場合、もし書くものがあったら「中央線」や "Chuo Line" などと記述することで、間違いを未然に防ぐことができるでしょう。

このような**記述による伝達方法**も重要な非口頭コミュニケーションの1つです。

❸乗り換え案内

　今回の設定では乗り換えの必要がなく、「○○線で〜駅に行きます」と述べるだけでよかったので、それほど複雑な場面ではありませんでした。目的駅が乗り換えの必要な駅、例えば有楽町駅だったとしたら、次のように案内することができます。

　「新宿駅から神田駅まで中央線で行きます。神田駅から有楽町駅まで山手線で行きます」

　このように「AからBまで」を使うことで、どこからどこまでが中央線で、どこからが山手線なのかということがわかります。動詞を使うとしたら「○○駅で〜線に乗ります」「○○駅で〜線を降ります」などのように伝えることもできますが、文としては「AからBまで」を用いたほうがシンプルで、わかりやすいでしょう。

ポイントの整理

● 「1文につき1つのトピック」を意識する
● プラットフォーム、路線、駅名などの情報をシンプルに伝える
● 非口頭コミュニケーションの記述を使う

7 道案内をする
〜指さしで場所を示そう〜

あなたは今、駅前にいます。そこで外国人に郵便局までの行き方を尋ねられました。どうやらモバイル・デバイスの充電が切れてしまったようです。郵便局までの行き方を日本語で説明してください。

内容
1. まっすぐ行く
2. 病院のところで右に曲がる
3. 病院の隣にある

✕ 失敗例

外国人	すみません、郵便局はどこですか。
あなた	そこの1つ目の交差点をまっすぐ行って、2つ目の信号を右に曲がってください。
外国人	え、こうさ……何ですか。
あなた	交差点です。2つ目の信号のところに病院があって、そこを右に曲がると、郵便局が見えてきますよ。
外国人	すみません、病院はどこですか。
あなた	2つ目の信号を右です。
外国人	すみません……もう1度言ってください。

改善例

	すみません、郵便局はどこですか。 — 外国人
あなた —	まっすぐ行きます。(指で前をさす)
	はい。 — 外国人
あなた —	そこに病院があります。
	病院ですか。 — 外国人
あなた —	はい。そこを右に行きます。(指で右をさす) 郵便局は病院の隣にあります。
	どうもありがとう。 — 外国人

解説

　最初に「失敗例」を確認しましょう。日本語がわかる人に対してなら、このような道案内でも十分通じると考えられますが、日本語を少し学んだ外国人の場合、うまく伝わらないかもしれません。その理由は次の2つです。

　1つ目は使用されている単語が、日本語を少し学んだ外国人にとっては難しい点です。例えば「交差点」「信号」「曲がる」などです。今回の場面では登場しませんでしたが、ほかにも「突き当たり」や「道なり」なども、単語のレベルとしては高度です。

　2つ目は返答のしかたです。外国人が「何ですか」「どこですか」などのように明確な情報を要求しています（明確化要求）。しかし、同じ調子で説明を繰り返しているため、一向に理解は深まりません。このように相手から「何ですか」「もう1度言ってください」などと尋ねられた場合は、よりわかりやすく伝える工夫が求められます。

次に「改善例」を確認していきましょう。ポイントは２つです。

❶指さし

道案内をする際は、非口頭コミュニケーションの指さしを使うのが有効です。例えば道案内をしているときに、ただ単に口で「銀行はあそこです」と言うのと、銀行の方角をさしながら「銀行はあそこです」と言うのとでは、理解の深まりは雲泥の差になります。今回の場面では、「まっすぐ」「右」などを伝える際に、日本語の補助として指さしを用いたほうがよいでしょう。例えば、「まっすぐ」という単語がわからない場合も考慮し、指でも前方をさします。そうすることで確実にその方向を伝えることができます。また「隣」が通じない場合は、「病院です」「郵便局です」と言いながら、その位置関係を手振りで示すとよいでしょう。

ほかにも、紙の地図や、モバイル・デバイス上の地図で場所を確認することも可能です。そうすることで、口頭以外でも郵便局への道を案内することができます。ことばを使わずに、地図を示すだけでも案内ができる可能性は高いです。

❷存在動詞

存在動詞とは存在を表す動詞「あります」「います」のことです。この場面では「あります」が使われています。日本語の学習では、比較的最初の段階で学ぶ動詞ですので、外国人にも伝わる可能性が高いです。「あります」を使った文には、**存在文**と**所在文**という２種類の文があります。**存在文は存在することに焦点が置かれた文**のことです。例えば「そこに病院があります」は存在文です。「（場所）に＋（物・建物）が＋あります」の形が存在文の基本です。一方、**所在文はどこにあるのかに焦点が置かれた文**のことです。例えば改善例の「郵便局は病院の隣にあります」は所在文です。「（物・建物）は＋（場所）に＋あります」の形が所在文の基本です。道案内では存在動詞を駆使し、存在や所在を伝えることができます。

道案内の場面では、口頭コミュニケーションと非口頭コミュニケーションの両方を適切に使うことで、わかりやすく説明することができます。

ポイントの整理

●非口頭コミュニケーションである指さしで場所を示す
●地図や手振りなども使って位置を伝える
●存在動詞「あります」を駆使する

8 写真撮影を手伝う
～身振り手振りを使って説明しよう～

　あなたは今、世界遺産として有名な姫路城の前にいます。そこに1人の外国人観光客がいます。その観光客はカメラを片手に、写真撮影をしてくれそうな人を探し、目をキョロキョロさせています。さてこの場面で、あなたはどのように声をかけ、そして写真撮影を手伝いますか。

内容☞ ①撮影を申し出る
　　　 ②撮影するタイミングを伝える

✕ 失敗例

| あなた | よかったら、お撮りしましょうか。 |

| | え？ | 外国人 |

| あなた | お撮りしますよ。 |

| | お撮り……あ、お願いします。 | 外国人 |

| あなた | じゃあ、撮ります。はい、チーズ。 |

| | もう撮りましたか。 すみません、もう1度お願いします。 | 外国人 |

| あなた | はい、じゃあもう1度。はい、チーズ。 ちゃんと撮れているかどうか、確認してみてください。 （カメラを渡す） |

| | え、あ……OKです。ありがとうございました。 | 外国人 |

| あなた | いえいえ。 |

改善例

あなた: あの、写真（カメラをさす）、私が撮りましょうか。

外国人: あ、ありがとうございます。

あなた: 3,2,1で撮ります。(1のあとにシャッターを押す身振り手振りを加える)

外国人: わかりました。

あなた: じゃあ、撮ります。3,2,1。

外国人: どうもありがとう。

あなた: ちょっと見てください。(カメラを渡す)どうですか。

外国人: OKです。ありがとうございました。

あなた: いえいえ。

解説

　まず「失敗例」を見てみましょう。この会話では、観光客は聞き返したり、「え」「あ」と言い淀んだりしていますが、表現を変えずにそのまま会話を続けているため、相手がきちんと理解できているかどうかはわかりません。なぜこのようになってしまったのか、理由を2つに絞って確認していきます。

　1つ目は敬語の使用です。謙譲語である「お撮りする」が使われています。そのため、観光客は意味が瞬時にわからなかったと思われます。この場合は、単純に「撮ります」でよいです。また自分が撮るということがわかるように「私が」を文頭につけたほうがわかりやすいでしょう。

2つ目は文が複雑な点です。「ちゃんと撮れているかどうか、確認してみてください」という表現は、「撮る」「確認する」のように動詞が文中に複数回登場しており、日本語を少し学んだ外国人にとっては難解です。この場合「見てください」で通じると考えられます。というのは、日本語教育において、教師は授業中、「見てください」「聞いてください」などの教室用語を多く使っており、このような「〜てください」の表現は意味が通じる可能性が高いからです。教室用語については 163 ページを参照してください。

　次に「改善例」を確認していきましょう。ポイントは 2 つです。

❶身振り手振り

　身振り手振りを有効活用します。失敗例ではカメラを預かったあとに、そのまま「はい、チーズ」と言って撮影をしていますが、「はい、チーズ」の掛け声は万国共通ではありません。そのため、観光客はいつ撮られたのかがわからなかったようで、「もう撮りましたか」と尋ねています。それに対して改善例では、「3、2、1 で撮ります」と言って、1 のあとにシャッターを押す身振り手振りを加えています。このように、撮影するタイミングを伝える際、身振り手振りを用いて予行演習しておくことで、的確に撮るタイミングが伝えられます。「はい、チーズ」の掛け声で撮る場合も、同様に「はい、チーズで撮ります」と言って、「ズ」のあとにシャッターを押す身振り手振りを加えればよいのです。

　また、最初に声をかける際も、「あの、写真」と言いつつ相手のカメラを指さすことで、観光客に「これからカメラ・写真のことについて話しますよ」ということが伝えられます。このように、複数の非口頭コミュニケーションを組み合わせて使うことで、円滑なやり取りができるのです。

❷申し出

　「〜ましょうか」の形で申し出を表すことができます。この際、**自**

身の胸の辺りを指さし「私が撮りましょうか」と言えば、「私が」という意味合いを強く加えられるので、「私が撮る」ということを正確に伝えることができます。

ポイントの整理

●申し出表現「〜ましょうか」と同時に自分のほうをさす
●非口頭コミュニケーションである身振り手振りを使う

9 時間を述べる
〜モバイル・デバイスを活用しよう〜

　ここはバス停です。腕時計やモバイル・デバイスを持っていない外国人に現在の時刻を尋ねられました。加えて、大阪駅行きのバスは何時に出るかも聞かれました。どのように伝えますか。

内容 　1 **現在時刻**(午前10時24分)
　　　　 2 **バスの出発時刻**(午前10時36分)

✗ 失敗例

外国人: すみません、今何時ですか。
あなた: 午前10時24分です。
外国人: え？
あなた: 午前10時24分です。
外国人: ありがとうございます。私は大阪駅に行きます。いつバスは来ますか。
あなた: 10時36分です。
外国人: もう1度お願いします。
あなた: 10時36分のバスです。

○ 改善例

> すみません、今何時ですか。 — 外国人

あなた: 10時24分です。

> え？ — 外国人

あなた: 10時24分です。（モバイル・デバイスの時計を見せる）

> ありがとうございます。 — 外国人
> 私は大阪駅に行きます。いつバスは来ますか。

あなた: 10時36分に来ます。
10時36分のバスは大阪駅に行きますよ。
（時刻表をさして示す）

> わかりました。どうもありがとうございました。 — 外国人

解説

最初に「失敗例」を見てみましょう。この外国人は何度も聞き返しています。なぜこのようになってしまったのか、その理由は以下の2つです。

1つ目は時間の伝え方です。「分」は数字によって読み方が「ふん」「ぷん」と変わります。次のように変化します。

1	2	3	4	5
いっぷん	にふん	さんぷん	よんぷん	ごふん
6	7	8	9	10
ろっぷん	ななふん	はっぷん	きゅうふん	じっぷん／じゅっぷん

このように変化します。そのため、もし伝えるときに早口になってしまったら、瞬時に伝わらない可能性があります。日本語の数字に関しては166ページを参照してください。

2つ目は明確化要求されたときの対応です。「え？」「もう1度お願いします」などと外国人は聞き返して明確化要求をしています。しかし、ほとんど変わらない返答で時刻を述べています。この場合、時刻の伝え方には工夫が必要です。

次に「改善例」を確認していきましょう。ポイントは2つです。

❶非口頭コミュニケーションのモバイル・デバイス

現在の時刻を述べる場合、午前ということは明らかなので、「午前」は述べなくてもよいでしょう。また10時24分という時刻がうまく伝わらなかった場合は、スマートフォンなどのモバイル・デバイスで時間を見せるのも効果的です。なぜなら、数字を提示することで、視覚的にも時間を伝えられるからです。

バスの出発時刻も同様で、時刻表などを示すことで、視覚的に伝えることができます。

❷重要な情報の繰り返し

バスの時刻を伝える際、「10時36分に来ます」「10時36分のバスは大阪駅に行きますよ」と繰り返し述べています。そうすることで、そのバスに乗れば大阪駅まで行けるということを確実に伝えられます。また、それを聞いた外国人も、安心してバスに乗れるというわけです。

ポイントの整理

- 非口頭コミュニケーションであるモバイル・デバイスを使う
- 数字ははっきりゆっくり言う
- 重要なことは繰り返して伝える

⑩ コンビニで買い物をする
～具体的に要望を伝えよう～

　昨今ではコンビニで働く外国人も増えてきています。あなたが立っているレジでは外国人のコンビニ店員が接客をしています。その店員に以下の内容を伝えてください。

内容 ☞
1. 弁当は熱くなりすぎない程度に温めてほしいということ
2. 袋詰めしなくてよいこと
3. 割り箸を2膳ほしいこと
4. 電子マネー「ロシオ」で支払いたいこと

✗ 失敗例

	外国人：こちら、どうぞ。
あなた：あ、はい。	
	外国人：温めますか。
あなた：あの、熱くなりすぎないようにお願いします。	
	外国人：え、何ですか。
あなた：あの、熱くしないでください。	
	外国人：……はい。袋は分けますか。
あなた：袋、いいです。	
	外国人：いいです？
あなた：ええ、いいです。	

		外国人
	……お箸はつけますか。	

あなた　2膳ください。

| | にぜ……？ | 外国人 |

あなた　2膳です。

| | あ、2。ポイントカードはお持ちですか。 | 外国人 |

あなた　はい。ロシオで。

| | ……ロシオ。あ、はい。892円です。 | 外国人 |

◯ 改善例

| | こちら、どうぞ。 | 外国人 |

あなた　あ、はい。

| | 温めますか。 | 外国人 |

あなた　あの、20秒温めてください。

| | はい、袋は分けますか。 | 外国人 |

あなた　袋は要りません。
　　　シールでお願いします。（シールをさす）

| | はい。お箸はつけますか。 | 外国人 |

あなた　2つください。（と言って、2本指を立てる）

| | かしこまりました。 | 外国人 |
| | ポイントカードはお持ちですか。 | |

あなた　はい。ロシオを使います。（実際にカードを見せる）

| | かしこまりました。892円です。 | 外国人 |

解説

「失敗例」を確認していきます。あまり円滑にレジ接客が進んでいないような印象を受けます。その理由は主に次の2つです。

1つ目は、相手の理解を確認していない点です。①から④の内容を伝える際、相手の反応を確認しないで機械的に返答しています。相手の反応を見つつ、会話を進めていく必要があります。

2つ目は使われている表現です。例えば、「熱くなりすぎないように」という文は、「熱い」「〜なる」「〜すぎる」「ない」「ように」で構成されており、文としては複雑です。また、「いいです」だけでは、肯定しているのか、否定しているのか、あるいは袋自体が要らないのか、袋を別々にする必要がないのか、店員が判断できない可能性があります。ほかにも「膳」という数量詞（数量を述べる際に使われることば）も、日本語を少し学んだ外国人の場合、理解しにくい可能性があるので、使用には注意が必要です。

次に「改善例」を見てみましょう。ポイントは次の2つです。

❶具体的な要望

①温めでは「熱くならない程度に温める」ということを伝えるために、20秒と時間を指定し、温めることを依頼しています。このように、具体的にお願いすることで、外国人店員も行動に移しやすいと考えられます。「ちょっと温めてください」でも、意志を伝えることはできますが、「ちょっと」の度合いは千差万別であるため、具体的な数字があったほうがわかりやすいと考えられます。同様に「袋は要りません」という表現のあとにも不要だと言うことがわかるように、「シールでお願いします」と言っています。そうすることで、具体的にどうしてほしいかが明確に伝えられます。

❷指さしや実物の提示

指さしや実物の提示などが使われています。例えば、②袋では、

シールをさしながら、袋が不要だと言うことを伝えています。③
割り箸では、数量詞を使った「2つ」がわからなかったとしても、
2本指を立てているので、目で見て理解できると考えられます。ま
た、④支払いにおいても、「ロシオ」のカードを実際に見せて提示
しているため、相手もすぐに意味が理解できるでしょう。

このように指さしを行ったり、実物を提示したりすることで、瞬
時に理解してもらうことができます。

ポイントの整理

●具体的にどうしてほしいかを明確に伝える
●指さしをしたり、実物を提示したりして会話を進める
● 「いいです」などのあいまいな表現は避ける

COLUMN

〜させていただく

　例えばプレゼンテーションをする際、次のような表現を使っていませんか。

　「それでは新商品についてご説明させていただきます。この製品は、日常生活にある不便さを解消しようという思いから、開発させていただきました。社内では賛否ありましたが、無事に来月から発売させていただきます。」

　さていかがでしょう。「〜させていただく」が頻出し、聞き手や読み手としてはくどい印象を受けるのではないでしょうか。日常では無意識にこの「〜させていただく」が多く使われています。**本来「〜させていただく」は聞き手に対し、許可を求めたり、許可を得たりするときに使われる表現です。**そのため、「(会議中)トイレに行かせていただきます」「(上司に)このペンを使わせていただきますね」などは許可を求めているので問題ないのですが、例えば「2000年にX大学を卒業させていただきました」などの表現は、本来の用法からは外れてしまうのです。冒頭のプレゼンテーションも以下のようにすることで整然とします。

　「それでは新商品についてご説明します。この製品は、日常生活にある不便さを解消しようという思いから、開発いたしました。社内では賛否ありましたが、無事に来月から発売いたします。」

　上記のとおり「お/ご〜する」「〜いたす」などの謙譲語が使われています。これらを駆使することの利点として次のようなことが考えられます。①「〜させていただく」という表現が減るため、くどい印象を与えない、②「〜させていただく」という表現は文字

数としても多いため、時間に制限がある中では無駄な時間が省ける、③許可でもないのに「〜させていただく」が使われることへの違和感が防げる、などが挙げられます。

　また「行か<u>さ</u>せていただく」「使わ<u>さ</u>せていただく」のように、**1グループ動詞**（⇨76ページ参照）**において「〜させていただく」の形になる「さ入れ言葉」も存在します**。正しくは「行かせていただく」「使わせていただく」です。2グループ動詞「見る」は「見させていただく」に、「食べる」は「食べ<u>さ</u>せていただく」となり、3グループ動詞「する」は「させていただく」に、「来る」は「来<u>さ</u>せていただく」となります。これらの動詞との混同から、さ入れ言葉が生まれたと考えられます。そういった意味では、さ入れ言葉が発生した背景はら抜き言葉（⇨76ページ参照）とも似ていると言えるでしょう。どの動詞でも「〜させていただく」の形に統一できるという意味では合理的かもしれませんが、「行か<u>さ</u>せていただく」「使わ<u>さ</u>せていただく」などの表現は、文としてのすわりは悪くなるので、注意が必要です。

11 ホーム・ビジットで話す
～疑問文を使って印象・感想を聞いてみよう～

　ホーム・ビジットとは、訪問者が家を1日だけ訪問することです。ホーム・ステイは宿泊が伴いますが、ホーム・ビジットは宿泊が伴わないのがその特徴です。さて、あなたは外国人を自宅に招待しました。以下の内容を考えてみてください。

内容☞
1. 玄関であいさつをする
2. どうやって来たか聞く
3. 日本の印象を尋ねる

✗ 失敗例

外国人: ピンポン♪（ドアホンを鳴らす）

あなた: はい。

外国人: こんにちは。ケイトです。

あなた: はい、少々お待ちください。

～玄関にて～

外国人: こんにちは。ケイトです。

あなた: ようこそ。どうぞお入りください。

外国人: ありがとうございます。失礼します。

~居間にて~

あなた ここまではどのようにして来られましたか。

外国人 えーと、来られ？ 何ですか。

あなた あ、何で来ましたか。

外国人 あ、中央線で来ました。

あなた そうですか。

外国人 はい。

あなた 日本の生活はいかがですか。

外国人 いかが？

あなた どうですか。

外国人 楽しいです。

あなた どちらか行かれましたか。

外国人 行かれ？

あなた 行きましたか。

外国人 はい、浅草に行きました。

あなた いいですね。

外国人 だんごを食べました。とてもおいしかったです。

改善例

外国人 ピンポン♪（ドアホンを鳴らす）

あなた はい。

外国人 こんにちは。ケイトです。

あなた はい、ちょっと待ってください。

~玄関にて~

外国人 こんにちは。ケイトです。

あなた ようこそ。どうぞ。

外国人 ありがとうございます。失礼します。

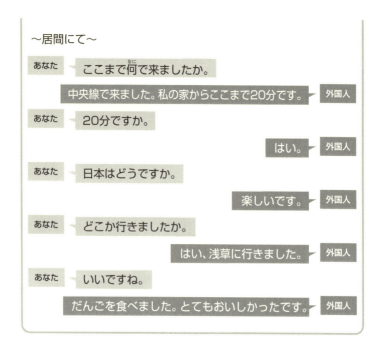

~居間にて~

あなた：ここまで何で来ましたか。
外国人：中央線で来ました。私の家からここまで20分です。
あなた：20分ですか。
外国人：はい。
あなた：日本はどうですか。
外国人：楽しいです。
あなた：どこか行きましたか。
外国人：はい、浅草に行きました。
あなた：いいですね。
外国人：だんごを食べました。とてもおいしかったです。

解説

　最初に「失敗例」を見てみましょう。外国人による聞き返しが散見されます。その理由として、敬語の使用が挙げられます。

　「お待ちください」「お入りください」などは「お/ご~ください」の形の敬語表現です。また「来られる」「行かれる」なども「~(ら)れる」の形の敬語表現です。これらの表現は、日本語が十分にわかる訪問客なら何ら問題ないのですが、日本語を少し学んだ外国人だと、通じない可能性が高いです。また「いかがですか」も同様で「どうですか」のほうが通じやすいでしょう。

　次に「改善例」です。本場面におけるポイントは全部で2つです。

❶あいさつ表現

玄関先のあいさつは簡単な表現を使って会話ができます。ここで使われているものも「ようこそ」「どうぞ」などシンプルなものです。

❷シンプルな疑問文

疑問文の形式には疑問詞がついた**疑問詞疑問文**と、「はい」「いいえ」で返答ができる**諾否疑問文**が存在します（⇨ 45 ページ参照）。今回の場面では、これら 2 つの疑問文を使って日本の印象や感想を尋ねます。

最初は、家まで難なく来られたかどうかを聞くことで、話のきっかけを作ることができます。この場合、動詞の「来ます」を使い、「ここまで何で来ましたか」というシンプルな疑問文で尋ねています。

また、続けて会話をする際、日本に関することが共通の話題として挙げられると予想されます。今回の対話では、「日本はどうですか」「どこか行きましたか」などの表現を用いて、「日本の印象」や「訪れた場所」を聞きました。これらの情報を共有することで、その外国人がどのようなことに興味・関心があるのかということがわかりますし、さらにお勧めの場所をこちら側からアドバイスすることもできます。共通の話題である「日本のこと」から会話に奥行きが生まれていくことでしょう。

先の例では「日本」が話題となっていますが、反対に外国人の「出身地」について尋ねて、教えてもらうという会話も考えられます。

ポイントの整理

- ●疑問詞疑問文と諾否疑問文で質問をする
- ●「お／ご〜ください」「〜（ら）れる」など敬語表現は極力使わない

「ら抜き言葉」

　ら抜き言葉は「日本語の乱れ」が取り上げられる際、頻繁に例示されるので、多くの読者の方々が知っていると思います。例えば可能を表す「見られる」「食べられる」「来られる」などを「見れる」「食べれる」「来れる」と言うのがら抜き言葉です。これは、徐々に市民権を得てきている言葉遣いだと言えるでしょう。というのは、日常生活でら抜き言葉を使用している場面を多く見かけるからです。なぜ文法の規則から逸脱したら抜き言葉は登場したのでしょうか。その理由や背景を見ていきましょう。

　動詞の分類を整理して考えていきます。まずは、未然形の活用語尾が「あ段」になる動詞を五段活用動詞と言います。例えば、「書く」の未然形は「書かない」、「走る」の未然形は「走らない」で、これらは五段活用動詞です。**日本語教育では五段活用動詞のことを1グループ動詞と呼びます。**

　次に、未然形の活用語尾が「い段」になる動詞を上一段活用動詞と言い、「え段」になる動詞を下一段活用動詞と言います。例えば、「起きる」の未然形は「起きない」となり「い段」なので上一段活用動詞、「食べる」の未然形は「食べない」となり「え段」なので下一段活用動詞となります。**日本語教育では上一段活用動詞と下一段活用動詞のことをまとめて2グループ動詞と呼びます。**これは活用語尾が「い段」「え段」であるということ以外は、基本的には同じ活用だからです。

　最後に、サ行変格活用動詞「する」と、カ行変格活用動詞「来る」です。これらはまとめて3グループ動詞と呼びます。「する」「来る」の活用は不規則であるため、1つずつ覚える必要があります。

　ら抜き言葉として使われる動詞は、2グループ動詞と、3グループ動詞の「来る」です。これらでなぜら抜き言葉が生じたのかというと、1グループの可能動詞と混同してしまったからです。

動詞の分類

◎五段活用動詞	⇒1グループ動詞
◎上一段活用動詞と下一段活用動詞	⇒2グループ動詞
◎サ行変格活用動詞「する」	⇒3グループ動詞
◎カ行変格活用動詞「来る」	

　1グループ動詞で可能を表す場合、「走る」は「走れる」に、「喋る」は「喋れる」になります。2グループ動詞と「来る」のら抜き言葉をもう1度見てみましょう。「見る」は「見れる」に、「食べる」は「食べれる」に、「来る」は「来れる」になります。「走れる」「喋れる」と比べると明確になります。つまり、1グループ動詞と形をそろえたものが、結果的にら抜き言葉になってしまったのです。

グループごとの可能を表す動詞の形

1グループ動詞	走る	走れる
	喋る	喋れる
2グループ動詞	見る	見られる
	食べる	食べられる
3グループ動詞	来る	来られる

　「見られる」「食べられる」「来られる」など「～られる」は可能以外に、受身・尊敬・自発も表せます。受身・尊敬・自発の3つと明確に区別できるという点から、ら抜き言葉は合理的であると主張されることもあります。

　人間が使うものである以上、合理性や利便性を追求し、ことばが変化していることが上の例から見て取れます。ちなみに日本語の授業ではこれらを扱う際「昨今ではら抜き言葉が使われている」という解説も加えることが多いです。なぜなら、授業でら抜き言葉について触れておけば、日本語の学習者が身の回りでら抜き言葉を耳にしたとしても、その意味を把握できるからです。最終的に使うかどうかは学習者に委ねられます。

　あなたの場合は日常でどちらを使用していますか。「見られる」「食べられる」「来られる」のら入れのほうでしょうか。それとも「見れる」「食べれる」「来れる」のら抜きのほうでしょうか。

12 留学生に大学の施設を案内する
~動詞文で校内を説明しよう~

あなたは、来日して間もない留学生といっしょに大学のキャンパスを歩いています。留学生に対して、以下の大学の施設について説明してください。

> 内容☞
> ①図書館
> ②コンピューター・ルーム
> ③食堂
> ④コンビニ

✗ 失敗例

あなた ― 学生生活は順調ですか。

じゅんちょ？ ― 留学生

あなた ― あ、大丈夫ですか。

大丈夫です。とても楽しいです ― 留学生

あなた ― よかったですね。

はい、そして……。 ― 留学生

あなた ― 見てください。ここは図書館です。

はい。 ― 留学生

あなた ― この図書館では2週間本が借りられます。

はい。 ― 留学生

あなた	そして、ここはコンピューター・ルームです。
留学生	あーここでコンピューターを……
あなた	そうです。コンピューターが自由に使えます。
留学生	はい。
あなた	それから、ここが食堂です。
留学生	ええ。
あなた	好きなところで食べ物を食べたり、飲み物を飲んだりできます。
留学生	はい。
あなた	ここはコンビニです。
留学生	はい。とても便利な……
あなた	ええ、便利ですよね。昼ご飯や飲み物が買えますし。
留学生	はい……。

改善例

あなた	大学はどうですか。
留学生	とても楽しいです。
あなた	そうですか。
留学生	友だちはとても親切です。
あなた	よかったですね。 見てください。ここは図書館です。（建物を指さす）
留学生	はい。
あなた	学生は図書館で2週間本を借ります。
留学生	はい。
あなた	そして、ここはコンピューター・ルームです。 （部屋を指さす）
留学生	あー学生はここでコンピューターを使いますか。

第2章 … ⑫ 留学生に大学の施設を案内する

79

あなた	そうです。コンピューターを使います。
留学生	はい。
あなた	それから、ここは食堂です。(建物を指さす)
留学生	ええ。
あなた	学生はここで食べ物を食べます。飲み物を飲みます。
留学生	はい。
あなた	ここはコンビニです。(建物を指さす)
留学生	はい。とても便利な大学ですね。
あなた	そうですね。学生はここで昼ご飯や飲み物を買います。
留学生	わかりました。どうもありがとうございます。

解説

「失敗例」を確認していきます。会話の流れがぎこちないものになっています。どうしてなのか、その理由は主に次の2つです。

1つ目は留学生の話を最後まで聞かずに、日本人が途中で遮っている点です。このような会話は、心地よくない印象を与え、相手の気分を害する可能性があります。**話す順番を取り、話者を入れ替えることを「ターン・テイキング (turn-taking)」と言いますが、ターン・テイキングにおいては、相手の話をきちんと聞き、その意図を汲み取ろうとする傾聴の姿勢が非常に大切です。**

2つ目は可能を表す動詞が使われている点です。「借りられます」「使えます」「買えます」などの可能を表す動詞が使われていますが、日本語を少し学んだ外国人には伝わらない可能性があります。どうしても可能を伝えたい場合は、「〜することができます」の形のほう

が理解されやすいです。例えば、「借りることができます」「使うことができます」「買うことができます」などの形です。

次に「改善例」を確認しましょう。ポイントは主に2つです。

❶「～ます」を用いた動詞文

施設の説明をする際は「～ます」の形を用いた動詞文を使っています。「借ります」「使います」などの「～ます」は初期の段階で学ばれる動詞の形であるため、理解しやすいです。大学を案内する場面では「学生はここで～ます」の形を基本とし、説明しています。

❷指さし

①図書館、②コンピューター・ルーム、③食堂、④コンビニを説明する際は指さしを行いながら話しています。それにより、どの建物・部屋なのかを明確に示すことができます。また今回のような場面では、地図を持ちながら案内すると、どこを歩いているかが一目でわかるため、キャンパスを把握しやすくなると考えられます。

このような非口頭コミュニケーションの組み合わせも、理解を深める手段となります。

ポイントの整理

●「～ます」の形を使った動詞文で説明する

●非口頭コミュニケーションの指さしや地図を活用する

●ターン・テイキングでは、相手の話を遮らず、きちんと聞く

13 留学生に授業について説明する
~記述して情報を整理しよう~

あなたは、来日して間もない留学生といっしょに、授業に関する履修の手引きを見ながら話しています。留学生に対して、以下の「日本語1」という授業について説明してください。

内容☞

1. **開講曜日と時間**(毎週水曜日1限9:00～10:30の全15週)
2. **単位数**(1単位)
3. **テストについて**(最終週にテスト実施)
4. **成績評価**(100-90: A, 89-80: B, 79-70: C, 69-60: D, 59-0: F)

✗ 失敗例

留学生: この「日本語1」がわかりません。

あなた: あ、この授業ですね。毎週水曜日の1限の授業ですね。

留学生: 水曜日。

あなた: そうです。この大学の1学期は全部で15週あります。語学だから、1単位みたいですね。それから、最後の週にテストがあるらしいですよ。評価は100-90がA、89-80がB、79-70がC、69-60がD、59-0がFです。

留学生: ……そうですか。

改善例

留学生　この「日本語1」がわかりません。

あなた　あ、この授業ですね。毎週水曜日ですね。

留学生　水曜日。

あなた　そうです。1限の授業です。1限は9時から10時半までです。（「水曜1限 (9:00-10:30)」とメモする）

留学生　わかりました。

あなた　15週です。（「90分×15週」とメモする）

留学生　そうですか。

あなた　この授業は1単位です。単位はcreditです。（「1単位」とメモする）

留学生　1単位。

あなた　ええ。この週にテストがあります。（最終週の箇所を指さす）

留学生　テスト。

あなた　はい。そして、これは評価です。（当該箇所を指さす）

留学生　ひょうか？

あなた　評価はgradingです。

留学生　わかりました。

あなた　100-90がA、89-80がB、79-70がC、69-60がD、59-0がFです。（「評価：100-90→A、89-80→B、79-70→C、69-60→D、59-0→F」とメモする）

留学生　どうもありがとう。

第2章 … ⑬ 留学生に授業について説明する

　「失敗例」を見ていきます。説明がうまくできていないようです。その理由として次の2つが考えられます。

　1つ目は自分だけが話している点です。内容の①〜④を説明する際、相手の反応を確認せずに話し続けています。そのため、留学生が1限の時間帯や最終週のテスト、評価などをきちんと理解したかどうかがわかりません。説明においては、相手が理解しているかどうかを確認するため、**適宜話す順番を譲り、話者を入れ替えたほうがよいです。このように話す順番を譲ることを「ターン・イールディング（turn-yielding）」**と言います。

　また、「語学だから、1単位みたいですよ」の文は、「語学はすべて1単位である」ということを伝えていますが、余計な情報が加わってしまい、文が長くなっています。この場合、大切な情報は「『日本語1』は1単位である」ことなので、まずは単位数を伝えます。仮に「語学は1単位である」ということも使えるとしたら、長い1文でなく、「ことばの授業は1単位です。『日本語1』は1単位です」などのように2文で説明したほうがわかりやすくなります。

　2つ目は使われている単語にフォローを加えていない点です。「限」「学期」「語学」「評価」などの学生生活を送るうえで重要な単語を使っていますが、フォローを加えることもせずに、そのまま会話を進めています。相手の理解を見て、会話を進める配慮が必要です。

　次に「改善例」を見ていきます。ポイントは主に3つです。

❶非口頭コミュニケーションの記述

　授業に関する重要な情報が多くありました。そのため、膨大な情報を1度で覚えきるのは、困難が伴います。このような場面で、効力を発揮するのは非口頭コミュニケーションの記述です。なぜなら、記述しておくことで、留学生はあとで見返すこともできますし、今

後何度も大学で耳にするであろう「限」「単位」「評価」などの単語をおさらいすることができるからです。

口述でのコミュニケーションは、素早く情報のやり取りができますが、ボイスレコーダーなどで録音しない限り、あとには残りません。それに対して、記述でのコミュニケーションは、時間はかかりますが、あとになって見返すことができます。

それぞれのメリット・デメリットを踏まえ、状況に合ったコミュニケーション手法を選び取っていくことが大切です。

❷記述の注意点

留学生が持っている履修の手引きに直接書き込む場合は「書きます。いいですか」などと了承を得てから書いたほうがよいです。なぜなら、自分の所有物に対して書き込まれるのを快く思わない人もいるからです。もし書き込まれたくないという返答だった場合、メモ用紙のような紙切れに記していきましょう。

❸推量・伝聞表現

失敗例では「（1単位）みたいです」「（ある）らしいです」が使われていますが、このような推量・伝聞表現は、基本的な表現を習ったさらにあとに学びます。日本語を少し学んだ外国人にとっては意味がわからない可能性が高いです。一方、改善例では、「〜です」「〜ます」が使われており、理解しやすいです。今回は、履修の手引きに書いてある確実な情報なので「〜です」「〜ます」などで断言したほうがよいでしょう。そのほかの推量表現「〜ようです」や、様態・伝聞表現「〜そうです」なども同様で、表現としては難しいです。

ポイントの整理

●あとで見返せるように記述で情報を整理する

●断言できる内容は「〜です」「〜ます」で述べる

●ターン・イールディングに留意し、相手の理解を確認する

14 体調不良の児童生徒に話しかける
～指さしを使って症状を把握しよう～

　ここは学校です。教員であるあなたが廊下を歩いていると、体調不良だと思われる外国人の男子児童生徒を見かけました。症状を聞いて、保健室に連れていってください。

> 内容 ☞
> 1 声をかける
> 2 どこが不調か尋ねる
> 3 保健室に連れていく

✕ 失敗例

あなた	あれ、どうしたんですか。
児童生徒	あ、はい。
あなた	すごく体調が悪そうですね。
児童生徒	……。
あなた	どこか痛みますか。
児童生徒	いたみ？
あなた	はい、どこが痛いんですか。
児童生徒	大丈夫じゃないです。
あなた	そうですか、どうしましょう。保健室で診てもらいましょうか。

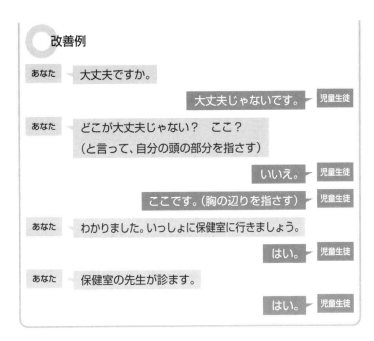

　「失敗例」を確認していきます。なかなかスムースにやり取りが進んでいません。改善すべき点は主に次の2つです。

　1つ目は使われている表現が難しい点です。「どうしたんですか」「どこが痛いんですか」などのような「〜んです」や、「保健室で診てもらいましょうか」などのような「〜てもらいます」といった表現は、ある程度日本語を学んでから習います。そのため、来日したばかりの児童生徒にとっては難しい可能性があります。「大丈夫ですか」「保健室に行きましょう」などのほうが伝わりやすいです。

　2つ目は日本語だけでコミュニケーションをしている点です。けがや病気は生命にもかかわる可能性があるので、非口頭コミュニケー

ションなども使ってきちんと症状を教えてもらう必要があります。

次に「改善例」を見てみましょう。ポイントは主に2つです。

❶非口頭コミュニケーションの指さし

どこが体調不良かを教えてもらうために、指さしを使って部位を教えてもらっています。この場合、注意が必要なのは、指さしを他人に向けてすると、失礼になる文化の国もあることです。そのため、こうした場合は自分自身をさすようにしましょう。また、自身をさす際、人差し指を使うのではなく、指全体をそろえて示したほうがよいです。

❷そのほかの指さしコミュニケーション

けがや病気は生命にもかかわる可能性があります。そのため、「目まい」「寒気」「吐き気」「動悸」などの難しい単語は外国語で訳語が書かれたメディカル・シートを指さし、伝えてもらったほうが、どこの部位にどんな症状があるかをより正確に伝えてもらえると考えられます。

次ページはメディカル・シート【英語・スペイン語・ポルトガル語・中国語版】の1例です。

このようなシートが用意されていると非常に便利です。普段から持ち歩くことは難しいですが、もしあなたが教員であれば、職場に1枚置いておくとよいでしょう。なお、本シートはあくまでも1例にすぎませんので、救急活動に際しては、個々の状況に応じて適切な処置を行うようにしてください。

症状の位置をさしてください。
Point at the location of your symptoms.
Señale la localización de los síntomas.
Aponte para a localização dos sintomas.
请指出症状的位置。

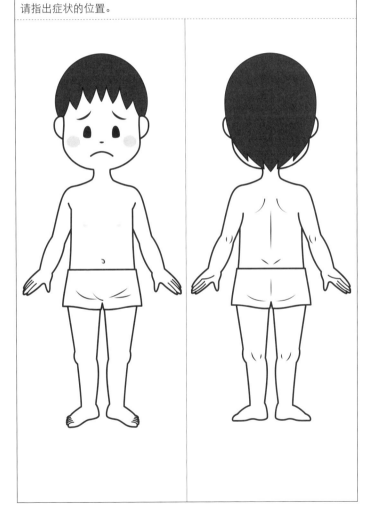

⑭ 体調不良の児童生徒に話しかける

症状 Your symptoms/Tus síntomas/Seus sintomas/你的症状

◆痛み pain
dolor
dor
疼痛

◆吐き気・嘔吐 nausea/vomiting
nausea/vómitos
náuseas/vômito
恶心、呕吐

◆しびれ numbness
entumecimiento
dormência
麻

◆呼吸困難 difficulty in breathing
dificultad respiratoria
dificuldade
 para respirar
呼吸困难

◆目まい dizziness
mareo
tontura
头晕

◆動悸 palpitation
palpitación
palpitação
心悸

◆寒気 chill
escalofrio
calafrio
发冷

◆転倒 tripped & fell
se tropezó y cayó
tropeçou e caiu
跌倒

◆切り傷 cut
se cortó
cortou-se
切伤

◆刺し傷 stuck
se clavó
espetou-se
刺伤

◆やけど burn
quemadura
queimadura
烧伤、烫伤

◆ねんざ sprain
torcedura
torção
扭伤

◆打撲 bruise
contusiones
contusão
跌打损伤

◆骨折 bone fracture
fractura de hueso
fratura óssea
骨折

ポイントの整理

- メディカル・シートなどを使って症状を把握する
- 具合いの悪いところを指さしで示す場合は、相手に対して指さしをせず、自分自身を指さすようにする

全然大丈夫だよ

「野菜が全然好きじゃないです」「野菜は全然食べません」などのように「全然」は否定形とともに使われる副詞です。上の例文は、「野菜が本当に好きじゃないこと」、「野菜を一切食べないこと」を表しています。似たようなことばとしては「まったく」なども同様です。否定形とともに使われるはずの「全然」ですが、昨今では「全然大丈夫だよ」や「全然平気」などの肯定文で使う言い方をよく耳にします。はたしてこれらの表現は誤用なのでしょうか。

実は明治時代の文豪、夏目漱石や森鷗外などが書いた作品中には「全然」を肯定文で使っているものが存在します。つまり、明治時代においては「全然」を肯定文とともに使う用法があったのです。このとき、「全然」は「すべて」「すっかり」という意味で使われていました。なぜこれが現在では誤用と感じる人がいるのかというと、諸説ありますが、昭和中期から「全然」は否定文で使われるという用法が広がったからだそうです。そのため、「全然」は否定文で使われるのが正しい、という認識が広まっていったのです。

現在「全然」が肯定文で使われているのは単に「誤用だ」とは言えず、むしろもとの用法に戻ったとも言えます。これは**ことばは絶えず変化しているという好例だと言えるでしょう**。参考までに、もしあなたが「全然大丈夫だよ」という表現に抵抗がある場合は「全然問題ないよ」と言えばよいのです。この場合、意味も据え置きで、否定形とともに「全然」が使えます。

15 児童生徒の家庭に連絡事項を伝える
〜最初に情報の全容を述べよう〜

あなたは学校の教員で、クラスにいる外国人の児童生徒が体調不良で早退しました。その家庭に電話をして、以下の連絡事項を伝えてください。

内容☞
1. 男子児童生徒の体調を聞く
2. 今日の宿題（漢字プリント11、算数ドリル38ページ）
3. 明日の持ち物（カッター、ペットボトル、リコーダー）

✕ 失敗例

あなた: もしもし、私、大森第3小学校の教師、中村です。ホドリゲスさんのお電話ですか。

母親: はい、ホドリゲスです。

あなた: カルロスさんの体調はいかがですか。

母親: たいちょ？

あなた: 元気ですか。

母親: 少し元気です。

あなた: そうですか。今から今日の宿題を言いますので、カルロスさんにお伝えください。

母親: ええ。

あなた: 漢字プリント11、算数ドリル38ページ。

|母親| はい。

あなた　次は持ち物です。

|母親| 持ち物？

あなた　はい、次のものを明日学校に持ってくるようにお伝えください。

|母親| あ、はい。

あなた　カッターとペットボトルとリコーダーです。カルロスさんに
　　　　お伝えください。よろしくお願いします。

|母親| すみません、もう1度お願いします。

改善例

あなた　もしもし、私、大森第3小学校の教師、中村です。
　　　　ホドリゲスさんのお電話ですか。

|母親| はい、ホドリゲスです。

あなた　カルロスさんはどうですか。

|母親| はい、カルロスは3時にうちに帰りました。
　　　　もう大丈夫です。

あなた　そうですか、よかったです。今日の宿題を言
　　　　いますね。カルロスさんに言ってください。

|母親| はい。

あなた　紙とペン、ありますか。

|母親| あります。

あなた　じゃあ、書いてください。宿題は2つです。

|母親| 2つ。

あなた　はい。1、漢字プリント11。

母親	漢字プリント11ですか。
あなた	ええ。2、算数ドリル38ページ。
母親	算数ドリル38ページ。
あなた	はい。明日の持ち物です。持ち物は3つです。
母親	持ち物？
あなた	ええ、明日この3つを学校に持ってきてください。
母親	3つ。
あなた	はい。1、カッター。2、ペットボトル。3、リコーダー。
母親	1、カッター。2、ペットボトル。3、リコーダー。
あなた	そうです。カルロスさんに言ってください。よろしくお願いします。
母親	わかりました。どうもありがとうございました。

解説

「失敗例」を確認していきます。電話でのコミュニケーションが円滑に進んでいないことが窺えます。今回の注意すべき点は主に2つです。

1つ目は使用されている単語と敬語表現です。「体調」「いかが」「伝える」などはやや難しいことばです。「体調はいかがですか」は、もう少しシンプルに「カルロスさんはどうですか（大丈夫ですか）」などと尋ねたほうが理解されやすいです。また「お伝えください」の敬語表現も「伝えてください」のほうがわかりやすいです。

2つ目は教員が一方的に話している点です。失敗例では連絡事項

を伝えることだけに終始しているため、電話の相手が本当に理解しているかどうか確認できません。相手の理解を確認しつつ、会話を進めていく必要があります。視覚的な情報が少ない電話でのコミュニケーションの場合は、なおさら重要です。

次に「改善例」を見てみましょう。ポイントは主に2つです。

❶情報の出し方

連絡事項を伝える際、**最初に全容を述べて情報を提示するのは、理解を深めるのには有効**です。今回の場合、「宿題は2つです」「持ち物は3つです」と最初に情報が全部でいくつあるか説明されています。そのため、聞き手としては内容を理解しやすいです。それに対して、失敗例のように単純に「持ち物はカッターとペットボトルと……」などと説明されると、文が終わるまで全容がわからないため、聞き手としては情報を整理しにくくなります。

最初に全容を伝えるテクニックは、「理由は全部で2つです」「3つの特徴があります」などと論理的に話すテクニックとして大変有効です。

❷メモを使ったコミュニケーション

電話でのコミュニケーションでは指さしや身振り手振りなどの非口頭コミュニケーションが使えないため、今回は情報を正確に伝える手段としてメモを書くようにお願いしています。その理由は、**母親が後ほど息子にメモを見せることで、情報を視覚的にも伝えることができる**からです。仮に母親が理解できない内容が含まれていたとしても、日頃授業に出席している息子がメモを見れば、内容を理解できる可能性は高いです。

ポイントの整理

- ●**最初に全容が把握できるように、情報がいくつあるかを伝える**
- ●**メモを有効活用する**

COLUMN

な の で

「今後、人件費の増加が予想されます。なので、工場の移転を提案します」という文中に使われる「なので」にあなたは違和感を抱くでしょうか。このように文頭に接続詞として「なので」を使うのは、文法的には誤りとされています。「なので」の形になるのは「星がきれいなので、外へ行きませんか」「雨なので、走りましょう」などのように、「ので」の前にな形容詞（形容動詞）、または名詞が置かれるときだけです。

では、なぜ文頭に「なので」が使われるようになったのでしょうか。先の文を「だから」と見比べてみましょう。

「?今後、人件費の増加が予想されます。なので、工場の移転を提案します」
「今後、人件費の増加が予想されます。だから、工場の移転を提案します」

「だから」のほうが、「人件費の増加を理由として、移転すべきだ」という意味合いの語感が強まります。それを弱めようとして「なので」が使われた可能性があります。ただし「なので」に違和感を持つ人もいるため、公的な場などでは「そのため」「ですので」などと述べたほうがよいでしょう。

⑯ 社外と日程調整をする

～日時の伝え方を工夫しよう～

あなたは今、取引先の外国人社員の人と電話しています。新製品『ライトシューズⅤ』について打ち合わせをするために、来週アポイントを取ろうと思っています。どのように日程を調整しますか。

内容
1. **来週の予定を尋ねる**（こちらは4日（月）と8日（金）は終日可、6日は（水）午前可）
2. **打ち合わせ場所**（こちらが先方に行く）

✗ 失敗例

あなた	もしもし、私、世界中央商事の山口です。
外国人	もしもし、アジア第一物産のブラウンです。
あなた	いつもお世話になっております。
外国人	こちらこそ。
あなた	あの、『ライトシューズⅤ』のコストの件でお電話を差し上げたのですが。
外国人	はい。
あなた	来週ってご都合よろしいでしょうか。打ち合わせしませんか。
外国人	来週？

あなた	はい、4日か8日。あるいは6日の午前はいかがでしょうか。

すみません、もう1度お願いします。 ◀ 外国人

あなた	4日、8日、6日午前です。

8日、大丈夫です。 ◀ 外国人

あなた	わかりました。14時ごろってご都合いかがですか。

はい、大丈夫です。 ◀ 外国人

あなた	それでは、当方がアジア第一物産さんにお伺いします。

行きます？　来ます？ ◀ 外国人

あなた	私が行きます。

わかりました。どうぞよろしくお願いします。 ◀ 外国人

あなた	こちらこそ、どうぞよろしくお願いします。

改善例

あなた	もしもし、私、世界中央商事の山口です。

もしもし、アジア第一物産のブラウンです。 ◀ 外国人

あなた	いつもお世話になっております。

こちらこそ。 ◀ 外国人

| あなた | あの、『ライトシューズⅤ』のコストのことで
お電話しました。 |
|---|---|

はい。 ◀ 外国人

あなた	来週、お時間ありますか。会いませんか。

はい、会いましょう。来週……いつ会いましょう。 ◀ 外国人

あなた	あの、カレンダーはありますか。

calender？　ちょっと待ってください。今、見ます。 ◀ 外国人
はい、どうぞ。

| あなた | 4日か、6日の午前か、8日はどうですか。 |

| 8日は大丈夫です。 | 外国人 |

| あなた | 8日、8ですね。 |

| はい、8です。 | 外国人 |

| あなた | 14時はどうですか。 |

| はい、大丈夫です。 | 外国人 |

| あなた | 14時、午後2時ですね。 |

| はい。 | 外国人 |

| あなた | 14時に私がアジア第一物産に行きますね。 |

| わかりました。どうぞよろしくお願いします。 | 外国人 |

| あなた | こちらこそ、どうぞよろしくお願いします。 |

解説

「失敗例」を確認していきます。うまく日程調整ができているように思えますが、問題点があります。その理由は主に次の2つです。

1つ目は確認を行っていない点です。打ち合わせは8日の14時に決まりましたが、会話中に一切確認がされていません。そのため、先方がきちんと日時を聞き取っているかどうかはわかりません。もしかすると日程に齟齬が生じている可能性があります。

2つ目は敬語です。「当方がお伺いします」の「お伺いする」は謙譲語で、行くのは「あなた」なのですが、相手の外国人社員が敬語に慣れていない場合、誰が向かうのかがわかりません。この場合、「私が行きます」と述べることでわかりやすくなります。

同様に「お電話を差し上げたのですが」の「差し上げる」も謙譲語ですが、難しい表現となってしまうので、「電話」「します」を組み合わせた「お電話しました」のほうがわかりやすいでしょう。

次に「改善例」を見ていきます。ポイントは主に2つです。

❶ビジュアル・エイドの利用

日程調整をし始める前に「あの、カレンダーはありますか」などと視覚的にも確認できるものがあるかどうか確認しています。このような視覚的な補助を「ビジュアル・エイド（visual aid）」と言います。ビジュアル・エイドとしては、イラストや写真、図表、地図など、さまざまなものが挙げられます。ビジュアル・エイドを用いたやり取りのことを「ビジュアル・コミュニケーション（visual communication）」と呼びます。今回の場面は電話でのコミュニケーションなので、指さしや身振り手振りなどは使用できません。そのような場面では、カレンダーなどの共通のものを見ながら話したり、メモを取ってもらったりすることで、視覚的にも情報を整理することができます。

❷数字の確認

4日、8日は聞き間違いをする可能性が高い日にちです。そのため、「8日、8ですね」のように、日付をつけない単なる数字の形でも言い換えています。同じように、打ち合わせ時間も「14時、午後2時ですね」のように12時制で言い換えています。このような確認を怠らなければ、齟齬が生じるのを未然に防ぐことができるでしょう。合わせて、そのあとに確認のメールを送っておけば、視覚的にも確実に日程を共有できます。

ポイントの整理

- **数字は繰り返したり、言い換えたりして確認する**
- **電話でもビジュアル・エイドを用いたビジュアル・コミュニケーションができないか策をこらす**

非口頭コミュニケーションと非言語コミュニケーション

　これまでに、指さしや身振り手振り、記述、モバイル・デバイスの活用などの口頭で行わないコミュニケーション、すなわち非口頭コミュニケーションを紹介してきました。

　それとは別に、似たような用語で「非言語コミュニケーション（non-verbal communication）」というものもあります。**非言語コミュニケーションとは、言語によらないコミュニケーションのこと**です。例えば、指さしや身振り手振りなどがそれに当たります。しかし、記述やモバイル・デバイスによる通訳・翻訳アプリなどは言語を介するため、言語コミュニケーションとなります。ほかにも、モールス信号や手旗信号、手話、点字などは口述ではないので、非口頭コミュニケーションですが、言語を介しているため、言語コミュニケーションの1種なのです。

　一口にコミュニケーションと言っても、その方法は多種多様です。上記の非口頭コミュニケーションや非言語コミュニケーションは、日本人が、英語などの外国語を使ってコミュニケーションをする場面でも大いに役立てることができます。

```
          非口頭コミュニケーション
         記述、通訳・翻訳アプリ
       モールス信号、手旗信号、手話、点字

          非言語コミュニケーション
            指さし、身振り手振り
```

▲非口頭コミュニケーションと非言語コミュニケーション

17 社内で業務の依頼をする
～「～てください」でお願いしよう～

あなたは今、同じ課で外国人社員とともに働いています。1人では処理しきれない業務を抱えており、その同僚に仕事の一部をお願いしようと考えています。どのように依頼しますか。

内容 ①領収書の金額をパソコンにデータ入力してもらう
②期日(今週金曜日19日の午前11時まで)

✕ 失敗例

あなた：すみません、ファンさん。

外国人：はい、何ですか。

あなた：この領収書に書いてある金額をパソコンに入力していってくれませんか。

外国人：にゅうりょく?

あなた：この数字をパソコンに打ち込んでいってください。

外国人：うちこんで?

あなた：はい、typing(タイピング)してください。
今週金曜日19日午前11時までにお願いします。

外国人：すみません、もう1度言ってください。

あなた：今週金曜日19日午前11時までです。

◯ 改善例

あなた　すみません、ファンさん。

外国人　はい、何ですか。

あなた　ちょっとお願いがあります。いいですか。

外国人　はい。

あなた　これを見てください。これは領収書です。
領収書はreceipt(レシートゥ)です。これをtyping(タイピング)します。
（作業を見せる）

外国人　ええ。

あなた　この数字をtyping(タイピング)してください。
（領収書の金額を指さす）いいですか。

外国人　わかりました。

あなた　今週金曜日19日午前11時までにお願いします。
（「19日(金)11 a.m.まで」とメモ書きする）

外国人　はい。

解 説

「失敗例」を確認していきます。ポイントは主に2つです。

1つ目は熟語の使用です。「領収書」「入力」などの難しい熟語が使われていますが、そのあとに何もフォローがなされていません。このような場合、訳語を伝える、言い換えるなどの対応が求められます。

2つ目は複合動詞の使用です。「打ち込む」は「打つ」「込む」と

いう2つの動詞が合わさってできた動詞ですが、このような**複合動詞は、日本語学習の最初の段階ではほとんど学ばれないため**、あまり使わないように留意しましょう。

次に「改善例」を見てみましょう。ポイントは主に3つです。

❶「〜てください」

「見てください」「typing してください」など「〜てください」の形が使われています。これらは、日本語教育では最初の授業時に教室用語として提示されることが多いため、通じる可能性が高いです。教室用語に関しては 163 ページを参照してください。

「〜てもらえますか」「〜てもらえませんか」「〜てくれますか」「〜てくれませんか」などは、ある程度日本語を学んだあとに習う依頼表現なので、確実に伝わるとは限りません。

また、「〜ていただけますか」「〜ていただけませんか」「〜てください ますか」「〜てくださいませんか」など敬語を用いた依頼表現も高度なので、使用には注意が必要です。

❷作業の例示

「これを typing します」と言いながら、実際に作業を見せています。このような**作業の例示は、どのように行えばよいのかを視覚的にも提示することができるので、大変効果的**です。作業の例示も非口頭コミュニケーションの一種です。

❸非口頭コミュニケーションの活用

ほかにも、指さしや記述といった非口頭コミュニケーションも駆使しながら、依頼を進めています。非口頭コミュニケーションを組み合わせることで、業務依頼という高度なやり取りも、理解しやすく伝えることができます。

- ●「〜てください」で業務の依頼をする
- ●きちんと理解できるように、実際の作業を例示する
- ●複合動詞の使用は控える

18 デパートでフロアガイドをする
～地図を使って位置を示そう～

あなたはデパートの受付スタッフです。ある外国人が受付まで訪ねてきました。以下の内容を案内してください。

内容
1. カフェの場所と行き方(4階「マキアート・カフェ」)
2. トイレの場所と行き方(2階)

✘ 失敗例

外国人: あの、すみません。カフェはどこですか。

あなた: 4階に「マキアート・カフェ」というカフェがあります。

外国人: 4階。

あなた: はい。そちらのエレベーターから4階まで上がると、右手側にマキアート・カフェがあります。

外国人: すみません、何ですか。

あなた: エレベーターで4階まで行って、右にあります。

外国人: そうですか……それからトイレはどこですか。

あなた: そちらの階段を上って、2階の左手側にございます。

外国人: ……はい。

改善例

外国人: あの、すみません。カフェはどこですか。

あなた: カフェですか。

外国人: はい。

あなた: カフェは4階です。「マキアート・カフェ」です。

外国人: 4階。

あなた: はい。エレベーターで行きます。(フロアガイドをさす)

外国人: エレベーター？

あなた: エレベーターはこれです。(ピクトグラムをさす)

外国人: あ、わかりました。

あなた: エレベーターで4階に行きます。
マキアート・カフェはここです。(フロアガイドをさす)

外国人: わかりました。それからトイレはどこですか。

あなた: トイレは2階です。2階のここです。
(フロアガイドをさす)

外国人: どうもありがとうございます。

解説

「失敗例」を確認しましょう。わかりにくくなっている理由は主に次の3つです。

1つ目は1文が長い点です。「そちらのエレベーターから4階まで上がると、右手側にマキアート・カフェがあります」「そちらの階段

を上って、2階の左手側にございます」などのように、1文中に何度も動詞が登場しています。この場合、1文を短くして説明したほうがわかりやすくなります。

2つ目は使われている単語が難しい点です。「～という」「上がる」「上る」などのような単語は外国人にとっては難しいため、代わりに「行く」を使うことで、よりわかりやすくなります。

3つ目は理解しているかどうかを確認していない点です。失敗例では、相手が理解しているかどうかを確認せずに、行き方を説明しています。そのため、相手は自分が発した中のどの部分がわからなかったのか判断できません。1文を短くしたり、間（ポーズ）を作ったりし、相手の反応を見ながら説明を進めていきましょう。

次に「改善例」を見てみましょう。ポイントは3つです。

❶地図を使った非口頭コミュニケーション

フロアガイドの地図を利用し、指さしをしながら、場所の説明を進めています。そうすることで、視覚的にも現在地と目的地が把握できるため、理解が深まるでしょう。

位置や場所などを説明する際は、地図を使った指さしが非常にわかりやすいです。

❷ピクトグラム

ピクトグラムとは、事物や概念などを一目で理解できるように単純化した絵文字のことです。先の会話では「エレベーターで行きます」と述べたあとに、外国人が「エレベーター？」と聞き返しています。この場合、「エレベーター」という単語をわかりやすく伝えるためにはピクトグラムを示すのが最適です。というのは、ピクトグラムは母語によらず、事物や概念を伝えることができるからです。また、ピクトグラムは、「エレベーター」が何かをことばで説明するよりも、瞬時に伝えることができます。

▲エレベーターのピクトグラム　　▲トイレのピクトグラム

❸名詞文

今回の案内場面では「A は B です」の名詞文が多く用いられています。例えば「カフェは4階です」「カフェはここです」「トイレは2階です」などです。シンプルに伝える際には名詞文が効果を発揮します。

ポイントの整理

- ●長文にならないよう、名詞文を使って、シンプルに話す
- ●地図やピクトグラムを活用する
- ●適宜反応を見て、相手が理解しているかどうかを確認しながら話を進める

COLUMN

敬 語

①「（社外の取引先に対し）社長は外出中で、今いらっしゃいません」

②「このエレベーターはご使用できません」

③「お客様がお帰りになられます」

　これらはいずれも誤りとされる敬語表現です。どこがどう間違っているのでしょうか。考えてみてください。

＊＊＊

①社外の取引先に対し述べているので「社長は外出中で、今<u>おりません</u>」が正しいです。

②謙譲語ではなく尊敬語を使う必要があるので「<u>ご使用になれません</u>」が正しいです。

③二重敬語なので「お客様が<u>お帰りになります</u>」または「<u>帰られます</u>」にします。

　基本的に、尊敬語は立場が上の人の動作や状態を敬うときに使い、謙譲語は自分や自分と同じグループの人の動作や状態を謙るときに使います。ここでは敬語が使われる要素を3つに整理し、確認していきましょう。

　第1に、**ウチとソト**です。ソトの人に対して、ソトの人の動作や状態を言うときは尊敬語を、ウチの人の動作や状態を言うときは謙譲語を使います。例えば①を例にとって考えてみましょう。ソトの人に対し、自分の会社の社長について話すときは自分の社長の動作や状態を高めません。つまり、ソトの人と話すときは、ウチの人を高く扱わず、謙譲語を使います。そのため「社長は<u>おりません</u>」が適切なのです。このようにウチとソトの関係が理解できていないと、敬語を間違えてしまう可能性があります。これは家族の内外でも同様です。

　第2に、**上下関係**です。目上の人の動作や状態を高めたり、自分

やウチの人の動作や状態を低く扱うことにより目上の人を高めたりします。

第3に、**親疎関係**です。親しくない人に対しては敬語を使います。

このように**日本語の敬語は場面によって使い分けるので、相対敬語と呼ばれます**。反対に場面によって使い分けるのではなく、話し手と聞き手の年齢や社会的地位によって使い分ける敬語は絶対敬語と呼ばれます。朝鮮語（韓国語）は絶対敬語です。

尊敬語と謙譲語を混同した誤用も見られます。冒頭の②「このエレベーターはご使用できません」と言ってしまう類の誤用です。つまり、エレベーターを使用するのは受け手なので尊敬語「ご使用になれる／なれない」が正しいのですが、謙譲語を使ってしまっているのです。

③の「お帰りになられます」は、「お帰りになる」と「帰られる」の2つの尊敬語を同時に使っています。これは二重敬語であり、誤りです。ただし「召し上がる」「見える」は尊敬語ですが、「お〜になる」と合わせた「お召し上がりになる」「お見えになる」は日本語として定着してきており、誤用とは言えないようです。併せて「お伺いします」は謙譲語の「伺います」と「お〜します」を同時に使っていて二重敬語のように見えますが、謙譲表現として定着してきており、誤りとは言えないようです。

日本語教育で使われる多くの初級の教科書は、ある程度の表現を学んだ終盤において、敬語が単元として扱われます。これらを学ぶ際、主に学生の学習者なら学校での先生との会話場面で、ビジネスパーソンの学習者なら職場での上司や同僚、あるいは社外の人との会話場面で練習を行います。尊敬語や謙譲語などは覚えることも多いため、時間をかけて身につけていく単元だと言えるでしょう。

19 衣料品店で接客する
~選択肢を提示して理解を促そう~

衣料品店で店員として働いているあなたのもとに、外国人の買い物客が来ました。以下の接客をしてください。

内容☞
1. 希望を尋ねる
2. 試着の提案
3. 会計

✕ 失敗例

外国人: すみません、pants(パンツ)はどこにありますか。

あなた: ご案内いたします。

外国人: あ、はい。

あなた: こちらでございます。どういったものをお探しでしょうか。

外国人: すみません。

あなた: あの、どういったパンツをお求めでしょうか……。

外国人: あ、パンツ。あのskirt(スカート)ありますか。

あなた: はい、ございますよ。こちらです。

外国人: このlong skirt(ロングスカート)、かわいいですね。

あなた: はい、こちらは春物の新作で、S, M, Lのサイズを取り揃えております。

112

| | | ……はい。 外国人 |

あなた　ご試着なさいますか。

何ですか。 外国人

あなた　あの、試着です。Mサイズ、Lサイズ……。

オウ トライ オン
Oh, try on! はい、します。 外国人

あなた　こちらへどうぞ。

（試着後）Mサイズを買います。 外国人

あなた　ありがとうございます。

〜〜〜
（会計）

あなた　お支払いはいかがなさいますか。

お支払い？　何ですか。 外国人

あなた　あの……キャッシュでしょうか。

あ、はい。日本円でいいですか。 外国人

あなた　はい、10,800円です。

○改善例

すみません、パンツpantsはどこにありますか。 外国人

あなた　あそこです。（指全体で示し、案内する）

はい。 外国人

あなた　フォーマル・パンツ、チノ・パンツ、ジーン
ズ、スカートなどがあります。（実物をさす）

スカートskirtはここですね。 外国人

あなた　はい、そうです。

このロング スカートlong skirt、かわいいですね。 外国人

あなた	はい、これは新しいロング・スカートです。S, M, L, 3サイズあります。(実物をさす)
外国人	そうですか。
あなた	これ、ちょっと着ますか。(試着室をさす)
外国人	はい。
あなた	どうぞ。(試着室へ案内する)
外国人	(試着後)Mサイズを買います。
あなた	ありがとうございます。

〜〜〜
(会計)

あなた	お支払いは。
外国人	お支払い？ 何ですか。
あなた	キャッシュ、クレジットカード、ギフトカードなどがあります。
外国人	あ、クレジットカードでお願いします。
あなた	はい、10,800円です。

解説

　最初に「失敗例」を確認してみましょう。相手に十分に理解してもらえていない可能性があります。その理由は主に2点です。

　1つ目は「すみません」「何ですか」などと明確化要求された際、わかりやすくするための言い直しがされていない点です。

　2つ目は敬語です。「S, M, Lのサイズを取り揃えております」「ご

試着なさいますか」などのように敬語表現が使われていますが、この場合「S, M, L, 3 サイズあります」「着ますか」などのようにシンプルに述べることで、相手も理解しやすい文が作れます。

次に「改善例」を見ていきます。ポイントは 2 つです。

❶選択肢の提示法

選択肢の提示方法には、限定列挙と例示列挙があります。

限定列挙はすべての選択肢を提示します。例えば、「S, M, L, 3 サイズあります」という文では、選択肢は S, M, L の 3 つに限定されています。一方で、**例示列挙は選択肢の例を提示します。**例えば「フォーマル・パンツ、チノ・パンツ、ジーンズ、スカートなどがあります」でパンツの種類、「キャッシュ、クレジットカード、ギフトカードなどがあります」で支払い方法の選択肢を例示しています。

サイズや色の案内、会計の場面などにおいては、上記のように選択肢を具体的に提示して伝えるとわかりやすくなります。

❷指さし

服の種類や色、サイズなどを案内する際は実際の服を提示しながら会話をすることで誤解も減り、円滑な接客ができます。合わせて、支払い方法を伝える場合は、レジに置いてあるショッピング・ガイドの案内などに支払い方法が書いてあれば、それをさし示しながら述べたほうがよいでしょう。というのは、**口頭コミュニケーションだけだと、相手がその選択肢を覚えきれない可能性がある**からです。このような視覚にも頼った非口頭コミュニケーションは、効果的に会話を進めるうえで大変役立ちます。

ポイントの整理

●限定列挙と例示列挙を使って、選択肢を明確に提示する

●非口頭コミュニケーションである指さしを使う

20 商品案内をする
～名詞文で商品を説明しよう～

あなたはお土産屋さんで観光客を対象に商品を販売しています。1人の外国人観光客が「抹茶まんじゅう」という商品を興味深そうに見ていて、説明を求めてきました。「抹茶まんじゅう」の商品案内をしてください。

内容 　①抹茶まんじゅうの説明
　　　　 ②値段（8つ入りで600円）

✗ 失敗例

外国人：それは何ですか。
あなた：これはまんじゅうです。
外国人：まんじゅう？
あなた：はい。まんじゅうは生地であんこを包んだ和菓子です。
外国人：あぁ……。
あなた：これは生地に抹茶が練り込まれている抹茶のまんじゅうなんですよ。少し試食なさいますか。
外国人：ししょくな？
あなた：食べてみますか。

116

	はい、食べます。 外国人
	とてもおいしいです。いくらですか。 外国人
あなた 8つで600円です。	
	すみません？ 外国人

改善例

	それは何ですか。 外国人
あなた これはまんじゅうです。	
	まんじゅう？ 外国人
あなた はい。まんじゅうは日本のスイーツです。	
	あぁ、スイーツ！ 外国人

あなた そうです。緑（またはグリーン）ですね。
これは抹茶（またはグリーン・ティー）のまん
じゅうです。少し食べますか。

はい、食べます。 外国人

あなた アレルギー（Allergy）は大丈夫ですか。
（と言って、翻訳された成分表を渡す）

はい、大丈夫です。 外国人

とてもおいしいです。いくらですか。 外国人

あなた 8つあります。8つで600円です。
（「8=¥600」と書く）

わかりました。これを買います。 外国人

最初に「失敗例」を確認していきましょう。今回の場面で留意すべき点は2つです。

1つ目は名詞修飾を使った商品説明です。「まんじゅうは生地であんこを包んだ和菓子です」「これは生地に抹茶が練り込まれている抹茶のまんじゅうなんです」などの商品説明は、「AはBです」という形にはなっていますが、動詞による名詞修飾が使われているため、文として複雑です。また、説明する際に用いられる「〜んです」の形も、外国人にとっては難しい表現形式です。

加えて「あんこ」「生地」「包む」「練り込む」などの単語も高度なため、理解しにくいです。

2つ目は試食の勧め方です。「〜します」の尊敬語は「〜なさいます」なので、「試食なさいますか」は正しい敬語ですが、「試食」「〜なさる」は外国人がわからない可能性が高いです。そのため「食べますか」などとシンプルに勧めたほうがよいでしょう。

次に「改善例」を見ていきます。本場面におけるポイントは2つです。

❶名詞文を使った商品説明

名詞文の「AはBです」を使い、商品について説明できます。例えば、「まんじゅうは日本のスイーツです」「これは抹茶のまんじゅうです」などです。また「抹茶」が伝わらなかった場合は、「グリーン・ティー」のように言い換える工夫も必要です。「抹茶まんじゅう」をさらに詳しく伝えたい場合、各言語で説明が書かれた案内やパンフレットなどを用いて説明すれば、まんじゅうについて詳細に伝えることができます。

合わせて、小麦や豆、卵などの食物アレルギーがある人にとっては生命にもかかわる問題ですので、試食前には**翻訳された成分表を**

見せるなどして、あらかじめアレルギーを確認しておくことが大切です。食物アレルギー以外にも、**宗教上・信仰上の理由から食事制限がある人もいる**ため、その場合も事前の確認が重要になります。一例を挙げると、イスラム教徒は不浄と考える豚の肉を食すのがタブーとされ、ヒンドゥー教徒は肉類が基本的に禁止されていますが、特に神の使いと考える牛の肉を食すのがタブーとされています。

❷数字の伝え方

今回は個数や値段などの数字が登場しました。そのため、口頭で伝えるだけでなく、**電卓で値段を見せ、算用数字の 600 を実際に見せたり、「8=¥600」と書いたりするという非口頭コミュニケーション**も理解の助けになります。それにより、「4つ」と「8つ」とで聞き間違いが生じるのを防ぐこともできます。

商品案内の場面では食べ物のお土産を取り上げましたが、それ以外にも小物や置物など、さまざまな商品を案内することもできます。その際、専門用語などが出てくる場合は、日本語以外にも、各言語による対訳なども準備しておくことで、確実に細部まで伝えることができます。

ポイントの整理

- **名詞文で商品を説明する**
- **電卓やメモなども使用して数字を伝える**
- **食物アレルギーや、宗教上・信仰上の食事制限などに注意を払う**

21 荷物発送の対応をする
~繰り返して確認しよう(1)~

あなたは宅配センターで働いているスタッフです。外国人が荷物を自国に送りにきました。以下の内容で、どう対応しますか。

内容 ☞
1. 宛先の確認
2. 発送方法の確認(EMS、航空便、SAL便、船便)
3. 送料

✕ 失敗例

外国人: すみません。これ、オーストリアまでお願いします。
あなた: 何でお送りになりますか。
外国人: 何ですか。
あなた: EMS、航空便、SAL便、船便がありますが、どちらでお送りになりますか。
外国人: すみません、どれが速いですか。
あなた: EMSが1番速くて、3日ぐらいで到着します。
外国人: えーと、じゃあEMSでお願いします。
あなた: はい、1,540円です。
外国人: わかりました。

改善例

外国人: すみません。これ、オーストリアまでお願いします。

あなた: オーストリアまでですか。

外国人: はい、そうです。

あなた: EMS、航空便、SAL便、船便、4つあります。どれで送りますか。(案内表を提示する)

外国人: すみません、どれが速いですか。

あなた: EMSです。ここからオーストリアまではEMSで3日です。(指で示す)

外国人: EMSでお願いします。

あなた: EMSですね。1,540円です。(金額のディスプレイもさす)

外国人: わかりました。

解説

 最初に「失敗例」を確認しましょう。一見すると問題なくやり取りができているように思えますが、この会話では改善の余地が2つあります。

 1つ目は1文の長さです。例えば「EMS、航空便、SAL便、船便がありますが、どちらでお送りになりますか」、「EMSが一番速くて、3日ぐらいで到着します」などです。これらをわかりやすく伝えるためには、「EMS、航空便、SAL便、船便、4つあります。どれで送りますか」、「EMSが速いです。ここからオーストリアまでは

EMS で 3 日です」などと分けて、2 文にしたほうがよいでしょう。ほかにも「到着する」「お送りになる」なども文を難しくさせてしまっている要因として挙げられます。

2 つ目はコミュニケーション手法です。失敗例では非口頭コミュニケーションが一切使われておらず、口頭によるコミュニケーションだけで会話が進められています。「EMS、航空便、SAL 便、船便」は、1 度にすべて覚えきるのが難しいと思われるので、案内表などをさしながら述べたほうがよいでしょう。

次に「改善例」を確認していきましょう。ポイントは 3 つです。

❶繰り返し

重要な情報は繰り返して確認します。例えば、宛先国の「オーストリア」が繰り返されています。これは、「オーストラリア」と国名を取り違えてしまう可能性があるからです。このような間違いを事前に防ぐためにも、繰り返して確認することは非常に重要です。似たような混同は、「アイスランド」「アイルランド」、「イラク」「イラン」、「スロバキア」「スロベニア」などでも起きる可能性があります。今回の場面では宛先国以外にも、発送方法を確認する際、「EMS ですね」と繰り返しています。

「言ったことと違う」と後々問題が発生しないためにも、繰り返して確認しておくことが大切です。

❷選択肢の提示法

発送方法を述べる際、「EMS、航空便、SAL 便、船便、4 つあります」と限定列挙が使われています。こう述べると、「発送方法は全部で 4 通りである」ということが明確に伝えられます。

また今回の場面では、具体的にそれぞれの違いが尋ねられませんでしたが、仮に尋ねられた場合は次のように説明できるでしょう。

「EMS、航空便、SAL 便は飛行機で送ります。船便は船で送りま

す。EMS が 1 番速いです。でも、高いです。航空便も速いです。でも、少し高いです。SAL 便は少し遅いです。でも、安いです。船便が 1 番遅いです。でも、安いです。」

このように、それぞれのメリット・デメリットを形容詞文（⇨ 40 ページ参照）で伝えることができます。この際、口頭で説明するだけでなく、記述して伝えることも可能です。

❸数字の提示法

「3 日」と所要日数を述べる際は、3 と数字で提示したほうが、齟齬が防げます。金額に関しても、金額が表示されているディスプレイをさし示すことで、相手は視覚的にも値段が把握できます。

今回は宅配センターの場面でしたが、これは外国人がお土産屋さんで何か購入して海外発送する場面でも適用できます。

✎ **ポイントの整理**

- ●重要なことは繰り返して確認する
- ●明確に選択肢を提示する
- ●非口頭コミュニケーションの指さしを使う

22 飲食店が電話で予約を受ける
～繰り返して確認しよう（2）～

あなたは飲食店に勤務しています。そこに外国人のお客さんから来店予約の電話がかかってきました。さてこの場面でどのように応対しますか。

内容	① 予約の日時を聞く ② 人数を尋ねる ③ 喫煙の有無 ④ 名前を尋ねる ⑤ 携帯電話の番号を控える

✗ 失敗例

あなた：ソーレ・ボーノです。

外国人：reservation（レザヴェイション）、お願いします。

あなた：ご予約ですね。かしこまりました。
ご希望のお日にちとお時間は。

外国人：お日にち？

あなた：ご予約はいつになさいますか。

外国人：いつ……2月8日です。

あなた：お時間は。

外国人：午後6時です。

| あなた | 少々お待ちください。
はい、承りました。何名様でいらっしゃいますか。 |

| | なんめ？ | 外国人 |

| あなた | 何人ですか。 |

| | あー4人です。 | 外国人 |

| あなた | タバコはお吸いになりますか。 |

| | タバコ……いいえ。 | 外国人 |

| あなた | お名前とお電話番号をお教えください。 |

| | ダニエル・ガルシアです。 | 外国人 |

| あなた | お電話番号は。 |

| | 080-1234-5678です。 | 外国人 |

| あなた | かしこまりました。それでは当日お待ちしております。
ありがとうございました。 |

改善例

| あなた | ソーレ・ボーノです。 |

| | reservation、お願いします。 | 外国人 |

(reservation: レザヴェイション)

| あなた | はい、わかりました。何月何日ですか。 |

| | 2月8日です。 | 外国人 |

| あなた | 2月の8、水曜日ですね。 |

| | はい。 | 外国人 |

| あなた | お時間は。 |

| | 午後6時です。 | 外国人 |

| あなた | 午後6時ですね。ちょっと待ってください。
はい、大丈夫です。何人ですか。 |

| | 4人です。 | 外国人 |

| あなた | 4ですね。おタバコは。 |

| いいえ。 | 外国人 |

| あなた | お名前は。フルネームでお願いします。 |

| ダニエル・ガルシアです。 | 外国人 |

| あなた | ダニエル・ガルシア様ですね。 |

| はい。 | 外国人 |

| あなた | お電話番号は。 |

| 080-1234-5678です。 | 外国人 |

| あなた | 080-1234-5678ですね。 |

| はい。 | 外国人 |

| あなた | ダニエル・ガルシア様。2月8日午後6時で4人ですね。 |

| はい、そうです。 | 外国人 |

| あなた | わかりました。ありがとうございました。 |

解説

　今回の場面では「予約」をreservation(レザヴェイション)と言っています。このように該当する単語がわからない場合は、ほかのことばで言い換えることもあります。参考までに、reservation(レザヴェイション)はアメリカ英語でよく使われるのに対し、イギリス英語ではbooking(ブッキング)がよく使われます。

　「失敗例」を見てみましょう。この電話応対では、外国人が意味を予測しながら会話をしていると予想されます。なぜこのようになってしまったのか、理由を2つに絞って確認していきます。

　1つ目は敬語を使った応対です。敬語表現である「かしこまりま

した」「なさいます」「いらっしゃいます」「承ります」「お吸いになります」「お教えください」「お待ちしております」などが使われています。そのため、相手はどんな意味なのか、瞬時に判断がつかなかったと思われます。日本語を少し学んだ外国人と話す際は、敬語を極力避けるような工夫が必要です。

2つ目は使われている単語です。「希望」「日にち」「何名様」などの単語は難しいと予想されます。「何月何日」「何人」などと言い直すことで、より理解しやすくなります。

次に「改善例」を確認していきましょう。ポイントは3つです。

❶繰り返し

日時、人数、名前、携帯電話などの**重要な情報は繰り返して、確認をしています**。日付では「4日」と「8日」は電話越しだと間違えて聞き取ってしまう可能性も予想されます。そのため、繰り返す際は、「日」をつけずに「8」と言い、曜日も添えています。人数も「人」をつけずに「4ですね」と確認しています。このような言い直しも大切です。

❷言いさし表現

「お時間は」「おタバコは」「お名前は」「お電話番号は」のように「〜は」とイントネーションを上昇させて尋ねる**言いさし表現**を用いています。そうすることで、聞きたい情報をシンプルに尋ねることができます。もし言いさし表現で通じなかった場合は、完全な文にして「お時間はいつですか」「おタバコは吸いますか」などのように尋ね直すこともできます。

❸1度に尋ねる情報の量

失敗例では「ご希望のお日にちとお時間は」「お名前とお電話番号をお教えください」などのように、**1度に複数のことを聞き出そうとしているため、情報量が多くなってしまっています**。改善例ではステップ・バイ・ステップで、1度に1つのことを尋ねています。

質問する際も"One Topic Per Sentence（1文につき1つのトピック）"の原則を意識しましょう。

このような場面では、適切に繰り返して述べることで、双方の齟齬を未然に防ぐことができます。

 ポイントの整理
- ●重要なことは繰り返して確認する
- ●質問する際は1度に1つのことを尋ねる
- ●言いさし表現でシンプルに尋ねる

COLUMN

慣用表現の語源

　今回は慣用表現の語源を紹介します。紹介するのは以下の3つです。

①頂きます

　もともと神様へのお供え物や目上の人から物を受け取る際、頭の上でもらっていたそうです。だから、「頂」の漢字が使われているのです。また自分を低く扱うことで、食べ物そのものや、目の前の料理にかかわったすべての人に対して、感謝と敬意を示す表現でもあります。

②ご馳走様でした

　「馳走」は「走り回ること」を意味します。つまり目の前の料理のために、食材を収穫したり、調理したりするのに走り回ってくれたことへの感謝を示す表現なのです。

③もしもし

　「申します申します」が省略され「もしもし」となりました。日本語学習者にとっては語感がおもしろいようで、人気のある表現の1つです。

　謙譲語の授業の際、①や③の由来を紹介して導入することもあります。

23 飲食店で接客する
～指さしで注文を確認しよう～

あなたはうどん屋さんでホールの店員として働いています。今、外国人観光客の2人組が入店してきました。注文から会計までの接客をしてみてください。

> 内容 ☞
> ① 注文を取る
> ② 会計をする

✕ 失敗例

	すみません。 ― 外国人A
あなた ― はい。	
	きつねうどんセットを1つください。 ― 外国人A
あなた ― お飲み物はいかがなさいますか。	
	何ですか。 ― 外国人A
あなた ― お飲み物です。	
	ウーロン茶をください。 ― 外国人A
	肉うどんを1つください。 ― 外国人B
あなた ― かしこまりました。少々お待ちください。	

~~~

あなた お待たせしました。きつねうどんセットと肉うどんです。

外国人B すみません。肉うどんじゃないです。肉うどん「セット」です。

あなた え、すみません。お飲み物はいかがなさいますか。

外国人B オレンジジュースをお願いします。

あなた かしこまりました。
恐れ入りますが、少々お待ちください。

~~~

外国人A check、お願いします。

あなた はい、1,960円になります。

外国人A すみません。きつねうどんセットはいくらですか。

あなた 920円になります。1,000円からお預かりします。
80円のお返しになります。

あなた 肉うどんセットですね。

外国人B はい。

あなた 1,040円になります。1,500円からお預かりします。
460円のお返しになります。

外国人A&B ありがとう。

改善例

外国人A すみません。

あなた はい。

外国人A きつねうどんセットを1つください。

あなた (メニューをさして)これですね。きつねうど
んセットを1つ。お飲み物は。

外国人A ウーロン茶をください。

あなた ウーロン茶ですね。

	肉うどんを1つください。	外国人B
あなた	この肉うどんですね。	
	あ、すみません、肉うどんセットです。それから、オレンジジュースをください。	外国人B
あなた	（メニューをさして）この肉うどんセットですね。お飲み物はオレンジジュースですね。	
	はい、そうです。	外国人B

〜〜〜
（会計）

	check、お願いします。	外国人A
あなた	はい、1,960円です。	
	すみません。きつねうどんセットはいくらですか。	外国人A
あなた	920円です。1,000円ですね。（お金を受け取る）80円です。（おつりを渡す）	
あなた	肉うどんセットですね。	
	はい。	外国人B
あなた	1,040円です。1,500円ですね。（お金を受け取る）460円です。（おつりを渡す）	
	ありがとう。	外国人A&B
あなた	ありがとうございました。	

解説

　最初に「失敗例」を確認しましょう。コミュニケーション上の齟齬が生じていることが見て取れます。今回の接客で改善したい点は2つです。

　1つ目は注文内容の確認です。注文した内容を確認していないため、肉うどんが単品かセットかという点で齟齬が生じてしまいました。この場面では、きちんと確認を行う必要がありました。

　2つ目は敬語です。「お飲み物はいかがなさいますか」は敬語として正しいのですが、日本語を少し学んだ外国人に対する接客応対の場合、「お飲み物は」などの言いさし表現のほうがわかりやすいです。

　次に「改善例」を確認していきましょう。ポイントは3つです。

❶マニュアル敬語

　コンビニや飲食店などのサービス業で使われる独特な接客時の敬語表現を「マニュアル敬語」と呼びます。失敗例では会計時に「〜円になります」「〜円からお預かりします」「お返しになります」などのマニュアル敬語が使われていましたが、改善例では一切使われていません。

　「(1,960円)になります」の「なる」は、今回のような外国人には通じない場合も多いです。仮に知っていたとしても、「〜になる」は通常「会社員になります」「有名になります」などの表現が最初に学ばれることが多いため、外国人からすると「何かに変化するのだろうか」と思ってしまう可能性があります。そのため、改善例では単純に「〜です」を使って伝えています。

　また、「〜から」は「この銀行は9時からです」「フランスから来ました」などのような、時間や場所などの範囲となる始点を表す助詞として最初に学ばれるため、「〜円からお預かりします」と言うと、「〜円から何を」と疑問に思うかもしれません。改善例では「〜円で

すね」と言って伝えています。

❷注文を受ける際の非口頭コミュニケーション

日本語を使った注文の場面においては、**コミュニケーション上の齟齬が生じないように、注文を受けたあとに復唱することが大切**です。そのため、この場面でも外国人A、Bそれぞれの注文内容を復唱して、確認を取っています。これも、注文場面での重要なポイントです。また**実際にメニューを指さしするのも、視覚的に確認できるので非常に有効**です。食事制限がある場合を考慮して、メニューには各言語で使用食材が明記されているとよいでしょう。

❸会計における非口頭コミュニケーション

「勘定」という単語の代わりに外国人Aが発したcheck（チェック）はアメリカ英語です。イギリス英語では主にbill（ビル）が使われますので、どちらの場合でも対応できるようにしておきましょう。

会計の場面では、**レジの金額表示窓が非口頭コミュニケーションの役割を果たします**。というのは、レジに注文内容を打ち込むことにより、会計をデジタル数字で提示することができるからです。この会計の場面では、復唱せずとも、表示窓を指でさすことで値段を伝えることができます。

会計の場面では伝票を見せ「ごいっしょですか」「別ですか」と尋ねることで、どのように支払うのかを聞くことができます。その際、非口頭コミュニケーションとして両手を使って手振りをし、「いっしょ」と「別」を表現することもできます。

ポイントの整理

- ●マニュアル敬語は使わないように意識する
- ●注文内容は指さしで確認する
- ●会計ではレジの金額表示窓や手振りなども利用する

㉔ 宿泊施設でチェックインの対応をする

~数字を正確に伝えよう(1)~

宿泊施設での場面です。あなたはここのフロントで働いています。1組の外国人観光客の家族がチェックインをしに来ました。以下の内容を確認して対応してください。

> 内容☞
> 1. 名前を尋ね、記帳をお願いする
> 2. 宿泊期間(8月7日～9日)
> 3. 宿泊部屋の場所と部屋番号(8階、801号室)

✗ 失敗例

外国人	すみません。チェックインお願いします。
あなた	はい、お名前をお伺いしてもよろしいでしょうか。
外国人	名前……エドワード・リーです。
あなた	こちらにお名前とパスポート・ナンバーをご記入ください。
外国人	あ……はい。
あなた	(用紙を受け取り)ご宿泊は8月7日から8月9日までですね。
外国人	すみません。もう1度お願いします。
あなた	8月7日から8月9日までですね。
外国人	……はい。
あなた	お泊まりになるお部屋は801です。

		おとまり？ 外国人
あなた	はい、お部屋番号です。801です。	
		801。 外国人
あなた	801は、ここの右手にあるエレベーターをお使いになり、8階でエレベーターを出られて、左手側のお部屋でございます。こちら、ルームキーです、お受け取りください。	
		すみません。もう1度お願いします。 外国人
あなた	えーと……お部屋は8階です。	

◯ 改善例

	すみません。チェックインお願いします。 外国人
あなた はい、お名前は。	
	エドワード・リーです。 外国人
あなた エドワード・リー様。ここにお名前とパスポート・ナンバーを書いてください。	
	はい。 外国人
あなた （用紙を受け取り）8月7日から8月9日までですね。	
	すみません。もう1度お願いします。 外国人
あなた （カレンダーを指さし）チェックインは8月7日ですね。チェックアウトは8月9日までですか。	
	はい、そうです。 外国人

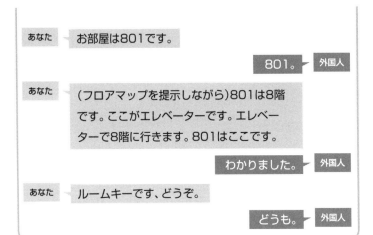

　「失敗例」を確認していきます。会話が何度か滞っています。その理由は主に次の2つです。

　1つ目は文が複雑な点です。部屋の説明の際、複雑な文が散見されます。例えば、「お泊まりになるお部屋」という表現は、動詞を用いた名詞修飾です。「チェックインお願いします」と言っているので、「お泊まりになる」などをつける必要はないでしょう。また「801は、ここの右手にあるエレベーターをお使いになり、8階でエレベーターを出られて、左手側のお部屋でございます」という文でも、「ここの右手にあるエレベーター」のような名詞修飾が使われています。さらに、1文中に「ある」「お使いになる」「出る」などと動詞が複数回登場するため、情報量が膨大になってしまいます。わかりやすく説明するための工夫が必要です。

　2つ目は「宿泊」や「記入」「受け取る」などの単語が日本語を少し学んだ外国人宿泊客にとっては難しい点です。特に「受け取る」

のような**複合動詞は最初の段階ではほとんど学ばれない**ため、意味が理解しにくいでしょう。ほかにも「伺う」「お泊まりになる」「お／ご〜ください」などのような敬語表現も理解を困難にする要因だと考えられます。

次に「改善例」を見てみましょう。ポイントは2つです。

❶非口頭コミュニケーションを使った数字の伝え方

今回の場合、部屋番号や宿泊する日にちなどの数字が出てきます。特に「8階」「7日」「9日」などは数字も含まれているので、**算用数字を見せたり、紙で確認したりすることで、確実に、かつ正確に伝えることができます**。例えば、部屋番号を伝える際は宿泊施設の全体図やフロアマップなどを、日にちを伝える際は実際にカレンダーを示しながら述べることで、明確に伝えることができるでしょう。

また、外国人の宿泊客が「すみません。もう1度お願いします」などのように聞き返した場合は、意識して伝える必要があります。

このように、非口頭コミュニケーションを役立てることで、チェックインの案内を円滑に行うことができるのです。

❷名詞文

今回、フロントスタッフが対応する際に使っている文の多くは「AはBです」という形の名詞文です。例えば「お部屋は801です」「チェックインは8月7日です」などです。単純に数字を伝える際は名詞文を使えば伝えられます。

また宿泊期間を述べる際は範囲を表す「〜から〜まで」を使えばよいでしょう。

ポイントの整理

- フロアマップやカレンダーなどを使って数字を正確に伝える
- 名詞文を使って部屋番号や宿泊する日にちなどを確認する
- 複合動詞の使用は控える

宿泊施設でチェックアウトの対応をする

〜数字を正確に伝えよう（2）〜

前回からの続きで宿泊施設での場面です。あなたはフロントで働いています。1組の外国人観光客の家族がチェックアウトをしに来ました。以下の内容を確認して対応してください。

内容は
1. **部屋番号**(801号室)**の確認**
2. **宿泊期間**(8月7日〜9日)**の確認**
3. **ミニバー**(備え付け冷蔵庫)**利用の確認**
4. **料金**(54,000円)

✕ 失敗例

	外国人：すみません。チェックアウトお願いします。
あなた：はい。(キーを受け取り)ご宿泊されたお部屋は801ですね。	
	外国人：え、宿泊？
あなた：お部屋です。	
	外国人：あ、はい。
あなた：ご宿泊は8月7日から8月9日までですね。	
	外国人：すみません、もう1度お願いします。
あなた：8月7日から8月9日までですね。	
	外国人：はい、そうです。

あなた	ミニバーをご利用になりましたか。	
	すみません。何ですか。	外国人
あなた	ミニバーを利用されましたか。	
	ミニバー……いいえ。	外国人
あなた	54,000円です。	
	わかりました。	外国人

◯ 改善例

	すみません。チェックアウトお願いします。	外国人
あなた	はい。(キーを受け取り)お部屋は801ですね。	
	はい、そうです。	外国人
あなた	(カレンダーをさし)8月7日から8月9日までですね。	
	はい、そうです。	外国人
あなた	ミニバーを使いましたか。	
	すみません。何ですか。	外国人
あなた	ミニバーのジュースやビールを飲みましたか。	
	いいえ。	外国人
あなた	(金額表示窓をさし)54,000円です。	
	わかりました。	外国人

　「失敗例」を確認していきます。今回の会話で留意すべき点は次の2つです。

　1つ目は熟語の使用です。「宿泊」「利用」などの単語が理解されませんでしたが、そのあとの文でも同様に使っています。そのため、外国人宿泊客にとっては意味を把握するのが難しいです。「宿泊」「利用」などの熟語は、日本語を少し学んだ段階では理解するのが困難です。**できるだけ熟語を使わずにやり取りをするように心がけましょう。**

　2つ目は内容の確認です。失敗例では、「宿泊」という単語の言い換えに終始してしまったため、部屋番号をきちんと確認せずに、そのまま宿泊期間を尋ねています。1、7、8は聞き間違えてしまう可能性がある数字です。間違いがないかきちんと確認することが大切です。

　ほかにも発音して間違いやすい数字として、4日と8日、6時と9時、4時と14時（12時制と24時制）などもあります。同様に記述で伝える際に間違いやすい数字としては、0と6、1と7、7と9などがあります。

　次に「改善例」を見てみましょう。ポイントは以下の2つです。

❶非口頭コミュニケーションを使った数字の伝え方

　最初の①部屋番号の確認と、②宿泊期間の確認はチェックイン場面と同様の表現を使うことで対応ができます。仮に数字がわからない様子でしたら、実際に書いて伝えたり、カレンダーで日付をさしたりするのが有効です。

　④料金でも、電卓やモニター画面などを提示しながら金額を述べることで確実に数字を伝えられます。

❷単語の言い換え

3のミニバーの利用では「使います」という動詞が通じなかったため、フロントスタッフは言い換える必要があります。ここでは「飲みます」で代用し、コミュニケーションを取っています。

ポイントの整理

- 紙に書いたり、電卓、モニター画面などを使ったりして、数字を正確に伝える
- 表現が伝わらない場合は、簡単な表現に言い換える
- できるだけ熟語を使わない

本章のまとめ

いかがだったでしょうか。第2章では、外国人と接する場面を25シーン設定しました。

本書で想定した場面は、日常における外国人との交流場面、大学で学ぶ留学生との会話場面、外国にルーツを持つ児童生徒とそのご家庭とのやり取り場面、外国人社員との会話場面、そして、お店や宿泊施設などの旅行・観光（インバウンド接客）での会話場面でした。それぞれの場面における日本語コミュニケーションのしかたをロールプレイ形式で考えました。

あいさつ表現や数字、それから**名詞文、動詞文、形容詞文**などを適切に使うことで、日本語で外国人とコミュニケーションをすることができます。また、口頭によらないコミュニケーション、すなわち**非口頭コミュニケーションの果たす役割も忘れてはなりません**。というのは、**指さしや身振り手振り、記述、モバイル・デバイスの活用などは、外国人にとって大いに理解の助けとなる**からです。

これらの実践練習をとおして**外国人に対してわかりやすく伝える工夫が大切である**ということがおわかりいただけたかと思います。本書を手に取ったときは「日本語でのコミュニケーションなんてどうすればよいのかわからない」と思われたかもしれませんが、何となくイメージがつかめたのではないかと思います。

第3章

外国人から見た
日本語を知る

本章では、普段意識しないで使っている日本語を、外国人の視点から考えていきます。日本語を客観的かつ分析的に捉えることで、その知識を外国人と話す場面でも生かすことができるでしょう。

日本語は主に日本国で使用されている共通言語です。読者の中には「毎日使っているのだから、日本語くらい知っているよ」と思う人もいるかもしれません。しかし、実際のところ日本語のことをどれだけ知っているでしょうか。また、外国語としての日本語は習得の難しさから「悪魔の言語」とも言われることがあるようですが、本当に日本語の学習は難しいのでしょうか。

　本章では、外国人にとって日本語とはどのような言語なのか、そしてどのような特徴があるのか、などを外国人の日本語学習者の視点も踏まえつつ、さまざまな側面から考えていきます。

　なお、1つの言語だけに注目していても相対的には見えてこないこともあるので、**義務教育で原則的に学ばれる英語を中心に**、さまざまな外国語とも適宜比較していきます。

外国人から寄せられる日本語に関する質問

1

　まずは日本語に関するクイズを3問出題します。これらはいずれも日本語を学ぶ外国人からよく寄せられる質問です。それぞれの答えを考えてみてください。

問1

　「銀行に勤めています」
　「銀行で働いています」
　なぜ銀行とともに使われる助詞は「に」「で」のように異なるのでしょうか。

問2

　「晩」と「夜」の意味上の違いは何でしょうか。

問3

　「それは何ですか」「何を食べますか」のように、漢字の「何」は「なん」と「なに」のように読み方が2つあります。どう使い分けているのでしょうか。

＊＊＊

　それでは解答です。

問1

　「に」は基本的に存在・所在する場所を表します。例えば「東京に住んでいます」「東京にいます」という文の「に」は、それぞれどこにいるかを表しています。「銀行に勤めています」は継続して銀行に在籍・所属していることを表すので、「に」が使われます。
　一方、「で」は基本的に動作が行われる場所を表します。例えば

147

「東京で会います」「東京で食事します」という文の「で」は、「会う」「食事する」という動作がどこで行われるかを表します。「銀行で働いています」は銀行で「働く」という動作を普段行っていることを表すので、「で」が使われます。

「銀行に勤めています」

「銀行で働いています」

問2

基本的には、「晩」は日暮れから暗くなるまでを表し、「夜」は暗くなってから夜明けまでを表します。つまり、時間的には晩→夜という順番になるのです。その例として、「夜食」「夜更かし」「夜泣き」「真夜中」「徹夜」などには「夜」が使われます。これらはすべて暗い状態であり、「晩」と入れ替えることはできません。ただし「一晩中」「夜通し」などの言い方もあり、それぞれに混同が生じているため、正答を出すのが難しかったと思います。これは現代人の生活スタイルが夜型に変化してきていることが影響していると考えられます。

問3

「何」のあとに、た行・だ行・な行、そして数量詞が置かれる場合は「なん」が使われます。例を見ていきましょう。

た行では「何ちゃって」「何てことだ」「何と言いましたか」などがあります。

だ行では「何だ」「何ですか」などが考えられます。

な行の場合は「何なの」「何にも」「何の」などが挙げられます。

数量詞は「何枚」「何台」「何時」「何人」などのように数量を述べる場合です。

それ以外は基本的に「なに」を使います。例えば、「何が」「何を」「何も」「何色」「何人」などです。ただし、「何曜日」は「た行・だ行・な行・数量詞」に入らないのですが、発音のしやすさから例外的に「なん」を使います。また「何で」は「なん」と「なに」、どちらも言えます。例えば、「何で東京に来ましたか」という文の場合、「なにで」「なんで」の2通りの読み方が考えられます。「なにで」の場合は、基本的に交通手段を尋ねており、「なんで」の場合は、交通手段あるいは上京の理由を尋ねています。

いかがでしたか。普段何気なく使っている日本語でも、これらの規則や使い分けにあまり意識を向けていなかったのではないかと思います。これはなぜかと言うと、日本語を母語とする人にとって日本語は、幼児のときに自然に身につけたことばだからであり、普段意識して考えながら日本語を使っているわけではないからです。基本的に日本語を母語とする人(日本語母語話者)への言語教育を**国語教育**と呼びますが、国語教育では先のような言語的特徴や細かい文法上の規則や使い分けなどを学ぶわけではありません。それに対し、日本語を母語としない人(非日本語母語話者)への言語教育を**日本語教育**と呼びますが、外国語として日本語を学ぶ場合、先のような規則や表現の違いなどを考えながら学ぶことになります。

これは英語学習を思い浮かべてみるとわかりやすいでしょう。例えば"This is a pen.""This is the pen."という文を学ぶと、「aと

the とでは何が違うのだろうか」という疑問が生じます。しかし、英語を母語とする人にこの質問をしてみても、全員が答えられるとは限らないのです。というのは、彼らは意識しながら a/an と the を使い分けているわけではないからです。このように、外国語としてことばを学ぶ際は、規則や使い方、使い分けなどを考えながら学ぶことになるのです。

　冒頭の3題が難しかったのは、普段あまり意識しないで使っている日本語に関するクイズであり、日本語教育の知識として知らなければ答えられない問題だったからです。

　次ページからは、項目ごとに日本語の特徴を見ていきます。本章を読み進めていくことで、さまざまな角度から日本語を眺めることができるでしょう。その知識をぜひ外国人と話す際にも役立ててみてください。

② 日本語の音声

　ここでは、アクセントや発音など日本語の音声一般に関して概観していきます。

　アクセントとは、ことばにおける音の強弱や音の高低を意味します。**日本語は音に高低がある高低アクセント**です。例えば「雨」という場合、最初の「あ」は高く、「め」は低くなります。一方で、英語は音に強弱がある強弱アクセントです。例えば、rain の発音記号は /réin/ で e の部分を強く発音します。このように一口にアクセントといっても、高低アクセントと強弱アクセントがあるのです。

　また基本的に日本語は、「あ」「め」/ame/ などのように**母音**または**子音・母音**で構成されています。母音は「あ・い・う・え・お」の5つです。子音はローマ字にすると p, t, k, b, d, g, c, z, s, h, m, n, r, w, y などになるもので、数え方にもよりますが、20 程度あるとされています。「あ」「め」など「゛」「゜」がつかない音を**清音**と言います。「ぶ」「じ」のように「゛」がつく音を**濁音**と言い、「ぴ」「ぺ」のように「゜」がつく音を**半濁音**と言います。これらをまとめて**直音**というのに対し、「しゃ」「ちゅ」「きょ」のように「ゃ」「ゅ」「ょ」がつく音を**拗音**と言います。ほかにも「ん」を**撥音**、「っ」を**促音**と言います。加えて「おじいさん」は、実際に発音すると「オジーサン」となりますが、「ー」のように伸ばす音を**長音**と言います。

　一方英語では、at /ət/ のように母音・子音で構成されていたり、book /bʊk/ のように子音・母音・子音で構成されていたりする単語も多く存在します。また英語には、日本語以上に母音が多く存在します。数え方によって諸説ありますが、母音はおおよそ 10 前後あるとされ、子音は 20 以上あると言われています。母音の例を見てみましょう。(1) camera、(2) calm、(3) come において「あ」と聞

151

こえる音は、発音記号ではそれぞれ（1）/kæm(ə)rə/、（2）/kɑːm/、（3）/kʌm/ となり、日本語には存在しない母音が多くあることがわかります。また子音では、she, sea の子音部分の発音記号はそれぞれ /ʃ/ /s/ で、right, light の語頭の子音はそれぞれ /r/ /l/ となり、こちらも日本語にはない子音が存在していることがわかります。ちなみに、モンゴル語も日本語より母音の数が多く、7つあります。モンゴル語の母音には性によるグループ分けがあり、a, o, y は男性母音、ə , θ, γ は女性母音、и は中性母音となります。原則として男性母音と女性母音が語中に併存することはありません。このように、語中において母音の組み合わせに制限が生じることを母音調和と言います。母音調和はトルコ語、ハンガリー語、フィンランド語などの言語にも見られます。

　さて日本語の発音ですが、1度覚えてしまえば、発音は英語よりもしやすい言語だと言えるでしょう。というのは、**日本語は英語よりも母音と子音の数が少ないため、組み合わせを考えると英語よりも音のバリエーションが少ない**からです。もちろん学習者の母語にない音もあるため、その場合は練習が必要です。例えば、拗音（「ゃ」「ゅ」「ょ」）や撥音（「ん」）、促音（「っ」）、長音（「ー」）などは単純ではないため、十分な発音練習が必要になります。間違いの例としては、日本語学習者が長音の概念をよく理解できない場合、「聞いています」を「キテイマス」と言ってしまうこともあります。

　日本語で外国人と話す際は、相手がきちんと理解できるように、ゆっくりと、そしてはっきりと発音することを意識しましょう。

③ 日本語の文字・表記

　日本語における文字学習では、ひらがな、カタカナ、漢字の3種類の文字を学んでいくことになります。

　ひらがな、カタカナの五十音表には「あ」から「ん」までに **46文字あります**。一般的にや行の「い」「え」、わ行の「ゐ」「う」「ゑ」は五十音表において表記されません。**ひらがなとカタカナは、文字が音を表す「表音文字」です**。そのため、1度ひらがなとカタカナを覚えてしまえば、意味はわからなくても読むことができます。一方、英語ではアルファベット26文字をすべて覚えたとしても、単語の読み方がわかるとは限りません。

　例えば「さい/サイ」は意味がわからなくても、ひらがな、カタカナを習得した人なら読むことができます。それに対して、英語のrhinoceros（ライナァサラス）という単語は、アルファベットを習得したとしても、読み方が確実にわかるわけではありません。

▲さい/サイ/ rhinoceros

　次に漢字を見ていきます。**漢字は、文字が対応することばそのものを表す「表語（表意）文字」です**。漢字の読み方には、中国の発音をもとにした音読みと、日本語にもともとあったことばを当てはめた訓読みの2種類があります。漢字を構造で分けると、**(1) 指事文字、(2) 象形文字、(3) 形声文字、(4) 会意文字、(5) 転注文字、(6) 仮借文字**の6つの種類になります。

　(1) 指事文字は「一・二・三」や「上・中・下」などのように、形のないものや抽象的な概念を表す文字です。

(2) **象形文字**は「月」「火」「川」「魚」などのように、形のあるものをかたどってできた文字です。

(3) **形声文字**は「清」「精」「晴」などのように、意味を表す部分（部首）と音を表す部分（音記号）とが組み合わさってできた文字です。

(4) **会意文字**は「信」「林」「男」などのように、2つ以上の漢字を組み合わせて、別の意味を表した文字です。

(5) **転注文字**は「楽（ガク）」が「楽（たの）しい」という意味にもなったように、すでにある漢字を転用して、別の意味を表した文字です。

(6) **仮借文字**は音の共通点や類似点を使って、別の意味を表す文字です。例えば「汝」はもともと川の名前でしたが、音の類似性から「あなた」を意味する文字に転用されました。

ほかにも「働」「峠」などのように日本独自に作られた**国字**も存在します。国字は、会意文字と同様の構造であることが多いです。**日常生活で必要とされる常用漢字は 2,000 字強で、約 6 割が形声文字**で構成されています。漢字を一から学ぶ学習者にとっては常用漢字の習得に多くの時間を要します。

続いて、実際の日本語の授業では、これら 3 種類の文字・表記の体系がどのように学ばれるかを概観していきます。**一般的にひらがな→カタカナ→漢字の順序で学ばれることが多い**です。授業前に予習としてひらがなとカタカナを学習者個人が学んできた場合、初日の授業からこれらの文字が使えます。一方で、事前の学習はなく、授業と同時にひらがなを学んでいくという方法もあります。濁音や半濁音、拗音、促音、長音なども含め 1 回の授業で 2 行ずつひらがなを学ぶと想定すると、ひらがなを習得するのに 10〜15 回分の授業が使われます。ひらがな同様、カタカナも上記のように習うと想定した場合、やはり 10〜15 回分の授業が使われます。カタカナを学ぶ初回では、学習者の名前や出身国をカタカナ表記にして導入す

るという方法もよく用いられます。ひらがなとカタカナをそれぞれ10〜15回分の授業で学び終えると想定した場合、20〜30回分の授業で両方を学び終えることができるでしょう。

次に漢字です。授業の目標にもよりますが、入門クラスでは多くの漢字を学ぶことはあまりありません。学ぶとしたら、カリキュラムや教科書などにもよりますが、基本は**生活に密接している漢字が優先的に選ばれること**が多いです。時間を表す「時・分・秒」や、数字「一・二・三・四・五・六・七・八・九・十」、曜日を表す「日・月・火・水・木・金・土」などが優先的に学ばれやすい漢字になります。下の図のように、曜日を表す漢字の場合、「金」は形声文字で少し構造が異なりますが、それ以外は象形文字ですので、形をかたどってできたということが初期段階の授業時に説明できます。

漢字の成り立ち

ひらがな・カタカナなどの文字言語を一切扱わずに音声言語だけで進めるクラスでは、これらは学ばれずに、基本的にはローマ字で表記していくことになります。例えば「こんにちは」は "konnichiwa" となり、「私は田中です」は "watashi wa Tanaka des." となります。この場合、desu ではなく、実際の発音に近い des と表記します。

　文字の表記法ですが、**文中において語の区切りごとに空白を挿入して表記する「分かち書き」で書いたほうが理解しやすくなります。** 先述の「私は田中です」は「私は　田中です」となります。ほかにも「明日私は新幹線で友達と大阪に行きます」は分かち書きだと「明日　私は　新幹線で　友達と　大阪に　行きます」となります。日本語学習者にとって、分かち書きは意味を理解するうえで大きな助けになります。なお、分かち書きは点字でも用いられます。

五十音表の発音練習

国語教育や日本語教育で用いられる発音練習として、五十音表を用いた次のようなものがあります。これを用いて、学習者は発音練習を行うことができます。

```
ああ　あおい　いい　いえ　あいうえお
(ああ　青い　いい　家)
かけ　かけ　きけ　かけ　　かきくけこ
(書け　書け　聞け　書け)
しし　さし　しし　しす　　さしすせそ
(獅子　刺し　獅子　死す)
たてと　と　たてた　　　　たちつてと
(盾と　戸　立てた)
なに　なに　のに　ねに　　なにぬねの
(何　何　野に　寝に)
はははは　ほほほ　　　　　はひふへほ
(ハハハハ　ホホホ)
ままも　もめもめ　　　　　まみむめも
(ママも　揉め揉め)
いいえ　いいゆよ　　　　　やいゆえよ
(いいえ　いい湯よ)
れろれろ　らりる　　　　　らりるれろ
(レロレロ　ラリル)
わをわを　うわうわ　　　　わいうえを
(ワヲワヲ　ウワウワ)
```

④ 日本語の語彙

　語を起源・由来別で分けたものを**語種**と言います。日本語の語種は全部で4つです。**(1) 和語**、**(2) 漢語**、**(3) 外来語**、そして (1)、(2)、(3) が組み合わさってできた **(4) 混種語**です。それぞれの具体例を順に確認していきましょう。

　(1) 和語は「きまり」「はじめ」などのように、**日本固有の言葉**です。**大和言葉**とも呼ばれます。和語は情緒的であり、またやわらかい印象を与えると言われています。

　(2) 漢語は「規則」「開始」のように、**中国から入ってきた言葉**です。基本的に漢語は**漢字の音読み**でできています。漢語は論理的であり、また硬い印象を与えると言われています。

　(3) 外来語は「ルール」「スタート」のように、**外国から入ってきた言葉**で、漢語以外のものをさします。外来語は今風であり、真新しい印象を与えると言われています。

　このように、上記のそれぞれのことばは意味としては同じものをさしていますが、語種としては異なるのです。

　(4) 混種語は例として、(3) 外来語と (2) 漢語を組み合わせた「ルール設定」や、(1) 和語と (2) 漢語を組み合わせた「きまり文句」などが考えられます。

　『新選国語辞典［第9版］』における語種の構成比率を見てみると、漢語が約半数でもっとも多く、次いで和語、外来語、混種語の順となります。

　(1) 和語は日本固有のことばであるため、学習者は一から学んでいきます。(2) 漢語の場合、中国語を母語とする学習者や、中国語を学んだ経験のある学習者にとっては、その文字から意味を推測することができます。ただし、日本語と中国語とでは意味が異なるこ

とばも存在します。例えば「勉強」は、中国語では「無理強いする」という意味になります。読み方に関して言うと、似ている場合もありますが、日本語独自のものが大多数であるため、1つずつ覚えていく必要があります。例として、「安心」は中国語では ānxīn と発音し、非常に似ています。一方で「冷静」は中国語で lěngjìng と言い、発音が異なります。

（3）外来語でも、原語と意味が異なるものが存在するので、注意が必要です。例えば、日本語で「クレーム」は苦情や文句などのことを意味しますが、英語の claim は「要求すること」を意味します。また発音が同じものもありますが、異なる場合もあります。例えば、「クッキー」の発音は英語でも /kʊki/ のように類似していますが、一方で「セーター」は英語で /swetə(r)/ となり、英語がわかる外国人が「セーター」と読んだり聞いたりしても、意味が理解できるとは限らないので、注意してください。

最後に、わかりやすさの観点から語種を考えてみます。次の文を比べてください。

（1）手紙を書きます。〈和語〉
（2）書簡を執筆します。〈漢語〉
（3）レター・ライティングをします。〈外来語〉

3つとも述べていることは同じです。しかし、誰にでも伝わるのは（1）だと感じたのではないでしょうか。日本語を少し学んだ外国人と話す場合も同様で、**できるだけ和語で話すように心がけましょう。**

5 日本語の文法

　「私は本を読みます」のように**日本語は「主語＋目的語＋動詞」が基本語順**です。日本語教育ではこの基本語順で学んでいくことが多いので、日本語を少し学んだ外国人との会話においては、「主語＋目的語＋動詞」という基本語順を心がけ、話してみてください。英語では"I read books."のように「主語＋動詞＋目的語」が基本語順になります。世界の言語を見てみると、日本語のような「主語＋目的語＋動詞」の語順が約半数近くで1番多く、英語や中国語などのような「主語＋動詞＋目的語」の語順は2番目だと言われています。

　また「田中さんは林さんに時計をあげました」という文は、「林さんに田中さんは時計をあげました」「時計を田中さんは林さんにあげました」のように、語順を入れ変えることができます。世界の言語の中には、このように語順を入れ替えることができないものもありますが、日本語では先の「あげました」の文のように、文末が述語（この場合、文末が動詞「あげる」）という原則を守れば、**語順を比較的自由に入れ替えることができます**。加えて、会話では「あげました、時計を」のように述語以外の語が文末に来ることもあります。このように語順が変えられるのは、助詞が「誰が」「誰に」などと文中における語の意味関係を明確にさせているからです。日本語には「が」「を」「へ」「に」「で」などさまざまな助詞が存在し、それぞれに意味・機能があるため、1つずつ時間をかけて学んでいくことになります。助詞は日本語の大きな特徴だと言える

でしょう。ちなみに日本語の助詞に当たる要素は、朝鮮語（韓国語）やモンゴル語、トルコ語などの言語にも見られます。

　次に、主語による動詞の変化について見ていきます。日本語の場合、主語が何であろうと動詞の形は基本的に変化しません。例えば「私は毎日、本を読みます」「母は毎日、本を読みます」の文では動詞の形は同じです。一方英語では"I read books every day.""My mother reads books every day."のように主語によって動詞の形が変化します。主語による動詞の変化はスペイン語やフランス語、イタリア語、ドイツ語、ロシア語などさまざまな言語に見られます。このように見てみると、日本語では主語による動詞の変化が基本的には見られないため、動詞の活用はシンプルであるということがわかります。合わせて日本語では、「（私は）明日、北海道に行きます」のように主語が明らかな場合、主語を述べないことが多いです。日本語を少し学んだ外国人と話す際は、「誰が／何が」ということがわかるよう、適宜**主語の明示**を意識してみてください。

　加えて、南アジア、アフリカ、中東、ヨーロッパなどで使用されている多くの言語には男性名詞、女性名詞、中性名詞などといった分け方があります。しかし、日本語にはそれらがなく、性による明確な区別もありません。例えば、ロシア語において「本」を意味するкнига は女性名詞で、「雑誌」を意味する журнал は男性名詞です。そして、形容詞は性・数によって変化します。そのため、「安い」を意味する形容詞 дешевый を使って「（1 冊の）安い本」「（1 冊の）安い雑誌」と述べる場合は、それぞれ"дешевая книга""дешевый журнал"となります。一方でスペイン語において「本」を意味する libro は男性名詞で、「雑誌」を意味する revista は女性名詞となり、性はロシア語と真逆です。「安い」を意味する形容詞 barato を使って「（1 冊の）安い本」「（1 冊の）安い雑誌」と述べる場合、それぞれ"un libro barato""una revista barata"となります。形容詞は性・

161

数によって変化し、スペイン語では形容詞が名詞を修飾する場合、基本的に「名詞＋形容詞」の語順になります。

	ロシア語	スペイン語
本	女性名詞	男性名詞
雑誌	男性名詞	女性名詞

ほかにも、英語には "I read a book." "I read the book." "I read books." などのように、不定冠詞の単数形、定冠詞の単数形、無冠詞の複数形などさまざまな形がありますが、日本語には冠詞が存在しないため、単純に「本を読む」だけでよく、本が単数なのか複数なのかなどを区別しません。

COLUMN 日本語母語話者が身につける普通体と丁寧体

　我々が幼児のときはどのようにして日本語を身につけたのでしょうか。幼児は話せるようになると、意思表示として「ジュース、ほしい」や「お椅子、リンゴ、食べる」などのように普通体（⇨170ページ参照）の文を産出します（電報のような文なので「電報文」と言います）。これは、幼児の周りで使われる日本語に普通体が多いことや、普通体で話しかけられる場面が多いことなども影響しています。そのため、幼児のころから敬語を含む丁寧体を完璧に習得するのは大変困難です。敬語の体系を身につけるためには、やはり意識的に学習する必要があります。それゆえに、国語の授業で敬語を学ぶことになるのです。

⑥ 日本語のあいさつ表現

　原則として**日本語の授業では、あいさつ表現を最初の段階で学び
ます**。教科書や授業によって教えるものは個々別々ですが、例とし
ては以下のようなものです。

　　おはよう（ございます）　　　すみません
　　こんにちは　　　　　　　　失礼します
　　こんばんは　　　　　　　　ごめんなさい
　　さようなら　　　　　　　　はじめまして
　　おやすみなさい　　　　　　どうぞ
　　どうも　　　　　　　　　　よろしくお願いします
　　ありがとう（ございます）

　日本語をほとんど学んだ経験のない外国人に対しても、これらの
あいさつ表現を日常で用いることができます。例えば、「こんにちは」
「ありがとうございます」などの表現を使用することで、外国人も
「日本語を使ってコミュニケーションをしている」という実感を得る
ことができるでしょう。これは、日本人が外国へ行ったときに簡単
なあいさつ表現が理解できるのと同様です。例えば、ドイツを旅行
しているときに"Guten tag." "Danke."と言われても、意味がわか
るのと同じです。

　また、**教室で使われる指示や確認の表現などの教室用語も最初の
段階で学ばれることが多いです**。以下がその例です。

　　話してください　　　　　　書いてください
　　言ってください　　　　　　読んでください
　　聞いてください　　　　　　見てください

163

待ってください　　　　　大丈夫ですか
持ってきてください　　　はい／いいえ
もう1度　　　　　　　　宿題です
いいですか　　　　　　　わかりました
質問はありますか

　上記の「聞いてください」「見てください」などの教室用語は、要求された動作をするのが当然の場面で使われる指示表現です。

　参考までに「～てください」にはほかにも依頼、勧めという用法があります。自分のために何かお願いするときに使われるのが依頼用法です。例えば「寒いので、窓を閉めてください」「ちょっとペンを貸してください」などです。もう1つは「できたてを食べてください」のように、聞き手のことを気遣って述べる勧めの用法です。

　教室用語は主に教師によって使われますが、返答である「はい／いいえ」「大丈夫です」「わかりました」などは学習者も使用します。

　このように日本語の授業では、まずは上記の基本表現から学んでいくことが多いです。学校における英語の授業を思い返してみても、まずは "Hello." "Thank you." "Listen to me." "Repeat after me." などを最初の段階で学んだのではないでしょうか。そう考えてみれば、外国語の授業では、最初の段階であいさつ表現や教室用語を学ぶことが多いと言えるでしょう。

COLUMN

あ い さ つ 表 現 の 語 源

　日本語のあいさつ表現の語源を紹介します。①「ありがとう」、②「おはようございます」、③「さようなら」です。

①ありがとう

　もともとは「有り難し」、すなわち「めったにない（感謝すべきこと）」から転じて「ありがとう」になりました。

②おはようございます

　漢字にすると「お早うございます」で、現代語訳で言うと「お早くお目覚めでございますね」が語源だと言われています。この「早く」が「早う」になっている（ウ音便化している）ところがポイントです。

③さようなら

　これはもともと「左様ならば、お暇申す」でした。つまり現代風に言えば「それでは、失礼します」となります。この「それでは」の部分が「さようなら」となったのです。「それじゃあ」などはいまだに別れのあいさつとしても使われていますが、「それじゃあ、さようなら」のように重複して用いられているのは大変興味深いです。

　このように何気なく普段使っているあいさつ表現の語源を知るというのもおもしろいものです。

⑦ 日本語の数字

　数字は早い段階から日本語の授業で扱われます。数字を学ぶことにより、時間や日にち、値段などを理解し、述べることができるからです。授業では1〜10000までを1度に教えるということはなく、1から99まで、100から999まで、などと日本語学習者の負担にならないように、小分けにして教えます。

　さて突然ですが、1から10までを数えてみてください。どのように数えるでしょうか。

　「いち・にい・さん・しい（よん）・ごお・ろく・しち（なな）・はち・きゅう（くう）・じゅう」

　上のようになったと思います。このように4、7、9には2通りの言い方があります。また2、4、5などを「に」「し」「ご」ではなく「にい」「しい」「ごお」などと言うのは、ほかの数字が2拍であり、それらと拍を合わせているからです。

　さて、1から10までを学ぶと、99まで言うことができます。ただし、4、7、9は2通りの言い方があるので、授業では一般的に「よん・じゅう」「なな・じゅう」「きゅう・じゅう」になるということを説明します。ちなみにフランス語の数体系は複雑だと言われています。例えば、99と述べたい場合はquatre-vingt-dix-neuf（4 × 20 + 10 + 9）と言う必要があります。そう考えると、日本語はフランス語よりも数体系が複雑でないことがわかります。

　次に、日本語の100以降の数字です。以下を読んでみてください。

　「100・200・300・400・500・600・700・800・900」

これらをひらがな書きすると「ひゃく・にひゃく・さんびゃく・よんひゃく・ごひゃく・ろっぴゃく・ななひゃく・はっぴゃく・きゅうひゃく」となります。発音のしやすさから300、600、800は濁音化、あるいは促音のあとが半濁音化します。1000以降は「せん・にせん・さんぜん・よんせん・ごせん・ろくせん・ななせん・はっせん・きゅうせん」となり、3000、8000がほかとは異なることがわかります。

　時間も同様で「いっぷん・にふん・さんぷん・よんぷん・ごふん・ろっぷん・ななふん・はっぷん・きゅうふん・じっぷん／じゅっぷん」となり、複雑です。そのため、外国人に1分刻みで時間を伝えようとすると、うまく聞き取れず、かえって混乱する可能性があります。**時間の正確さが問題にならない場面においては、外国人に時間を伝える際、5分刻み、あるいは10分刻みで伝えるという方法も十分有効でしょう。**また日付も「ついたち・ふつか・みっか・よっか・いつか・むいか・なのか・ようか・ここのか・とおか」となり複雑なため、「今日は3日です」と言って伝わらなかったとしたら「3です」と言い直すことで伝わりやすくなります。

　第2章で述べたように、**外国人に数字を伝える際は、紙やデジタル・デバイスなどで提示し、見せるという動作を行うことで**、正確に数字を伝えることができます。例えば、買い物の場面で値段を伝える際は電卓に打って伝える、待ち合わせ時間を伝える際は紙にも書いておいてそれを渡す、などということも考えられます。「1時」と「7時」と「8時」、または「4月」と「7月」などで誤解が生じるというのは、日本語を母語とする人同士の会話でもありうることです。文字でも確認をしておけば、齟齬が生じ

ずに数字を正確に伝えることができるでしょう。

　次に、日本語の数量詞を見てみましょう。数量詞とは、何かの数量を述べる際に使われることばのことです。例えば、食べ物など小さいものを数えるのに使う「つ」、皿や紙などの薄いものを数えるのに使う「枚」、コーヒーやご飯など器に入ったものを数えるのに使う「杯」、筆記具やボトルなど細長いものを数えるのに使う「本」などをさします。数量詞は、「～を○つください」「～を○つお願いします」などの表現とともに授業で学ばれます。それぞれの数え方を一覧表にすると次のようになります。

数量詞の一覧表

	つ	枚	杯	本
1	ひとつ	いちまい	いっぱい	いっぽん
2	ふたつ	にまい	にはい	にほん
3	みっつ	さんまい	さんばい	さんぼん
4	よっつ	よんまい	よんはい	よんほん
5	いつつ	ごまい	ごはい	ごほん
6	むっつ	ろくまい	ろっぱい	ろっぽん
7	ななつ	ななまい	ななはい	ななほん
8	やっつ	はちまい	はっぱい	はっぽん
9	ここのつ	きゅうまい	きゅうはい	きゅうほん
10	とお	じゅうまい	じっぱい じゅっぱい	じっぽん じゅっぽん

　このように、日本語では数えるものによって使われる数量詞は異なり、それぞれを覚える必要があるのです。濁音になったり、促音のあとが半濁音になったりするものも見られます。外国人にこれらの数量詞が伝わらない場合も、「3」などと数量詞を取り除き、数

168

字だけを言うことで伝わりやすくなります。

> **COLUMN**

数字の覚え方

英語を理解する日本語学習者に対しては、1から10までの数字の覚え方を次のようなゴロで説明することができます。

いち (itch)・にい (knee)・さん (sun)・しい (she)・ごお (go)・ろく (lock)・しち (hitch)／なな (banana)・はち (hatch)・きゅう (cue)・じゅう (juice)

これらを物語にすると次のようになります。

かゆい、ひざが。太陽がさんさんと輝く日に彼女は行く、ロックをかけに。道中バナナを食べながらヒッチハイクをした。船のハッチを手掛かりにジュースを見つけた。

少し無理やり作文したような感は否めませんが、このように頭の中でイメージ化して数字を覚える学習者もいるようです。

第3章 … ⑦ 日本語の数字

日本語学習用の教科書における文体

8

入門レベルから日本語を学ぶ人のために日本で刊行されている主な教科書の一例としては、次のようなものがあります。

教科書の一例（五十音順）

『Japanese for Busy People Ⅰ』（講談社インターナショナル）
『初級日本語　げんきⅠ』（ジャパンタイムズ）
『できる日本語　初級』（アルク）
『日本語初級1　大地』（スリーエーネットワーク）
『はじめのいっぽ』（スリーエーネットワーク）
『文化初級日本語Ⅰ』（凡人社）
『まるごと ― 日本のことばと文化　入門（A1）』（三修社）
『みんなの日本語　初級Ⅰ』（スリーエーネットワーク）

これらの教科書を使う学習者は、基本的に**丁寧体**を習ったあとに、**普通体**を学びます。**丁寧体**とは、親しくない人、目上の人、お客、公式の場などで使われる「です・ます体」のことです。一方で、**普通体**とは、親しい人、友達、家族、目下の人などに対して使われる「だ・である体」のことです。「体」はスタイル（style）のことで、フォーマルな文体か、カジュアルな文体か、などの意味で使われます。

丁寧体と普通体とでは、名詞、動詞、形容詞などの品詞において使われる活用の形（form）がそれぞれ異なります。名詞を例に取って考えてみましょう。丁寧体では、例えば「学生です」「寒いです」などの形になります。一方普通体では、例えば「学生だ」「寒い」などの形になります。動詞の場合、丁寧体では「〜ます」の形が使われます。例えば「行きます」「食べます」「来ます」などです。一方、普通体では、例えば「行く」「食べる」「来る」などの形になります。

ほかの言語を見てみると、英語では動詞の形は丁寧さと関係がなく、初対面の人であろうと、目上の人であろうと、親しい人であろうと、友達であろうと、家族であろうと「行く」と述べるときは go となります。動詞に活用がない中国語においても、「行きます」「行く」はどちらも"去"を使います。それに対して、朝鮮語の文体は多種多様です。例えば、丁寧でかしこまった感じの합니다体、丁寧でやわらかい感じの해요体、くだけた感じで親しい人に対して使われる해体、友達や目下の人、新聞や論文といった書き言葉で使われる한다体などです。「行く」を意味する動詞の原形가다は、합니다体では갑니다、해요体では가요、해体では가、한다体では간다となります。そのため、朝鮮語を使う学習者にとって、活用の形によって文体が変わるという概念は理解しやすいでしょう。

さて、日本語の文体に話を戻し、丁寧体を最初に学ぶ利点を考えていきます。

丁寧体の利点

①丁寧なので、どの場面でもどの人に対しても使えて、失礼にならない。

②「〜ます」「〜ません」「〜ました」「〜ませんでした」などのように、肯定・否定、過去・非過去を表す形が単純である。

①週末の予定を話すとき、「週末、北海道に行きます」のような丁寧体は目上の人や初対面の人に対して使っても失礼にならないため、汎用性が高いです。しかしこれが「週末、北海道に行くよ」のような普通体だと、使える相手は友だちや親しい人などに限定されます。

②はそれぞれの形を確認すれば明白です。丁寧体の動詞は「行きます」「行きません」「行きました」「行きませんでした」と単純です。どの動詞も「ます」の前（行き）に「〜ます」「〜ません」「〜まし

た」「〜ませんでした」をつけるだけです。それに対して、普通体の動詞は「行く」「行かない」「行った」「行かなかった」となり、活用語尾（「行」のあと）が変化するため、より複雑になります。活用のしかたも動詞のグループによって異なります。

次に、丁寧体を最初に出す欠点としては以下が挙げられます。

丁寧体の欠点

①丁寧体を学んだだけでは辞書が使えない。例えば辞書を引くときは「行きます」ではなく「行く」を検索する必要がある。

②普通体を使った会話に参加できない。

①これは、ことばの意味のとおりです。ただし最近では、「〜ます」の形からでも意味が調べられる検索サイトもあるようで、インターネットなどに明るい学習者ならこの欠点は解消されます。

②身の回りで使われている普通体でのカジュアルな会話の内容は何となくわかっても、自身が使えずに参加できないことに不満の声が挙がることもあります。

入門レベルの日本語を学ぶ外国人ですと、普通体を習っていない可能性が高いです。そのため、普通体で会話をしても意思疎通がうまくできないことがあるので、注意が必要です。

このように「日本語が難しいか」という質問に対しては、一概に「易しい」「難しい」とは言えないことがわかります。なぜなら、日本語のどの要素に注目するかによって難易度は違ってきますし、学習者の母語やそれまでに習得した言語によっても難易度は異なってくるからです。普段何気なく使っている日本語を見てみると、このような仕組みになっているのです。上記のようにほかの言語と比較することで、日本語の輪郭が浮かび上がってくるのではないでしょうか。

本章のまとめ

第3章では、ほかの外国語とも比較しつつ、日本語の特徴を考えてみました。日本語を母語とする人は、幼児のころ自然に日本語を身につけました。そのため母語話者であったとしても、日本語の規則や使い分けなどの知識は、意識的に学ばなければ知らないのです。一方で外国人学習者は、日本語とはどのような言語なのかということを意識しながら学んでいきます。第3章ではそれを踏まえ、日本語がどのような言語なのかを、外国人から見た日本語という観点から紹介しました。

＊＊＊

第1章で述べたように、日本にいる外国人の数は増えてきています。本書では日本語を少し学んだことのある外国人との会話場面において、どうコミュニケーションをすればよいのか、そのノウハウを紹介しました。

第2章で取り上げた場面は多種多様でしたが、会話するうえで心がけるべきポイントは共通しています。例えば、あいさつ表現や数字、それから名詞文、動詞文、形容詞文などを使ったコミュニケーションです。また、指さしや身振り手振り、記述、モバイル・デバイスなどの非口頭コミュニケーションも、外国人にとって理解をするうえで大きな助けとなります。

第3章まで読み終えたあなたは、おおむね外国人とのコミュニケーション方法が把握できたはずです。あとは実際にコミュニケーションを取っていくのみです。最初から円滑にコミュニケーションを取ることは難しいかもしれませんが、コミュニケーションを重ねるうちに、そのコツを徐々につかんでいけるはずです。本書をスタートラインとして、交流を素敵なものにしていっていただければと思います。

最後になりますが、さまざまな文化背景を持つ方との交流を通じ

て、社会全体で多言語・多文化を尊重する雰囲気が醸成されていくことを願いつつ、本章を終えることにします。

付録 日本語で外国人と話すための語彙一覧

　教科書によって扱われる学習語彙は違いますが、本付録では、最初のおよそ30〜50時間で主に学ばれる入門レベルの語彙を洗い出し、紹介していきます。絶対的な基準ではありませんので、あくまでも目安として参考にしてください。

○名詞

間	教師	下	てんぷら	毎週
朝	教室	写真	電話	毎月
朝ご飯	去年	ジュース	トイレ	毎年
明日	銀行	週末	時計	毎日
イス	空港	授業	図書館	毎晩
いっしょ	果物	宿題	隣	前
犬	国	出身	友達	町
今	車	趣味	中	右
上	携帯電話	食堂	名前	水
後ろ	今朝	新幹線	肉	メール
うち	消しゴム	新聞	日本	野菜
うどん	公園	スーパー	日本語	郵便局
映画	紅茶	スープ	猫	月曜日
映画館	交番	すし	バス	火曜日
駅	コーヒー	先月	パソコン	水曜日
えんぴつ	午後	先週	晩	木曜日
お金	午前	先生	パン	金曜日
お酒	今年	外	晩ご飯	土曜日
お茶	ご飯	そば	ビール	日曜日
音楽	今月	そば（位置）	飛行機	横
会議	今週	大学	左	夜
会社	今晩	タクシー	病院	来月
会社員	コンビニ	近く	昼	来週
学生	コンピューター	地下鉄	昼ご飯	来年
学校	今夜	机	船	料理
かばん	魚	テーブル	フルーツ	旅行
カフェ	昨晩	手紙	部屋	レストラン
カメラ	雑誌	テスト	ペン	ワイン
昨日	サラダ	デパート	ホテル	
牛乳	時間	テレビ	本	
今日	仕事	電車	毎朝	

○動詞

会います	起きます	聞きます	取ります	見ます
あげます	送ります	来ます	寝ます	持ちます
あります	買います	着ます	飲みます	持ってきます
歩きます	帰ります	します	働きます	もらいます
言います	書きます	食べます	話します	読みます
行きます	貸します	使います	勉強します	わかります
います	借ります	撮ります	待ちます	

○形容詞

暖かい	いい	遅い	楽しい	古い
温かい	忙しい	おもしろい	小さい	難しい
新しい	美しい	寒い	冷たい	優しい
熱い	おいしい	涼しい	早い・速い	易しい
暑い	大きい	高い	低い	安い

簡単な	静かな	大丈夫な	便利な
きれいな	親切な	にぎやかな	有名な
元気な	好きな	暇な	

○副詞

あまり	少し	ちょっと	とても	もう
いつも	全然	ときどき	まだ	よく

○接続詞

しかし	そして	それから	でも

○代名詞・連体詞（疑問詞含む）

これ	そこ	どこ	どう	その
それ	あそこ	誰	どんな	あの
あれ	何	いくら	どの	
ここ	いつ	どれ	この	

おわりに

　現在、私たちが便利で快適な生活を送れるのは、過去の人々による尽力があったからこそです。それは、日本において初等・中等教育から高等教育までが日本語で受けられることからもわかります。

　実際に明治初期は、日本国外から外国人の「御雇教師」を多数招へいし、英語などの外国語で高等教育を行っていました。しかし、明治時代を生きた先人たちが「日本語で高等教育を行えるようにしたい」と考え、西洋から入ってきた「法律」「経済」「哲学」「科学」「医学」などに関する学術的な用語を日本語で数多く作り出したことで、高度な教育が日本語で行えるようになったのです。例えば、「哲学」ということばは明治時代の啓蒙思想家であった西周によって生み出されたと言われています。

　このように、現代社会は人類の長い歴史の中で積み重ねられた英知と努力のうえに成り立っているのです。もちろんこれは教育に限らず、インフラや医療・科学技術、身の回りの生活用品など、ありとあらゆるものに対して同様に言えることです。

　先人たちの恩恵を受ける現代の私たちも、未来を生きる人々のために、より一層住みよい社会を築いていきたいという願いを同様に抱くものです。私はこれまで国内外でさまざまな人々と接する中で、多くのことを学んできました。そして、これまでに学んだことを生かし、微力ながら世の中に貢献したいという思いから、今般筆を執り、上梓する運びとなりました。

　本書を通じて私がもっとも伝えたかったことは、「**目の前にいる相手に対してわかりやすく伝えようとする意識が大切である**」ということです。私自身も大学生のころ、留学生と接する際、彼らとどうコミュニケーションをすれば楽しく、そしてお互いにとって心地よく交流できるのかがわかりませんでした。どのような語彙や表現を

使えばわかりやすいのか、相手のバックグラウンドも踏まえどう振る舞えばよいのか、さまざまな試行錯誤を繰り返しながら、徐々にそのコツをつかんでいきました。その当時、私が意識して行っていたことが、「わかりやすく伝えるためにはどうすればよいか」ということを考え、その都度、気づいたことやコミュニケーション上のポイントをノートにしたためて整理するということでした。その整理があったからこそ、このような形で外国人とのコミュニケーション法を体系的にまとめ、1冊の単行本にできたと思っています。

　執筆にあたりましては、担当編集者の坂本麻美さんをはじめ、くろしお出版の方々にはさまざまなサポートをしていただきました。特に坂本さんは、JICA青年海外協力隊のご縁がきっかけで本書をご担当くださいました。深謝いたします。また、素敵な本文、装丁デザインを作ってくださったグラフィック・デザイナーのスズキアキヒロさん、本書に掲載する挿絵を数多く制作してくださったイラストレーターの村山宇希さん、メディカル・シートに入れる絵を描いてくださったグラフィック・デザイナー兼イラストレーターの鈴木祐里さんにも心よりお礼を申し上げます。そして、今までお世話になったすべての方々に感謝の意を表したいと思います。

　重ね重ねになりますが、本書が地域社会や観光の場などで活用され、よりよい交流をするための一助となることを願っております。合わせて、本書が日本語という言語や、日本語教育の世界に興味を持つ1つのきっかけになれば幸いです。

参考文献

伊東信夫・宮下久夫（1994）『漢字はみんな、カルタで学べる――親と子の漢字学習地図（マップ）』太郎次郎社

桐山岳寛（2017）『説明がなくても伝わる　図解の教科書』かんき出版

金田一京助・佐伯梅友・大石初太郎・野村雅昭（編）(2011)『新選国語辞典［第9版］』小学館

日本学生支援機構「外国人留学生在籍状況調査」<http://www.jasso.go.jp/about/statistics/intl_student_e/index.html>（2018年2月5日）

日本語教育学会（2005）『［新版］日本語教育事典』大修館書店

日本政府観光局「訪日外客数の動向」<https://www.jnto.go.jp/jpn/statistics/visitor_trends/>（2018年2月5日）

文化庁「敬語の指針（答申）」文化審議会 <http://www.bunka.go.jp/seisaku/bunkashingikai/kokugo/hokoku/pdf/keigo_tosin.pdf>（2018年4月26日）

法務省「在留外国人統計（旧登録外国人統計）統計表」<http://www.moj.go.jp/housei/toukei/toukei_ichiran_touroku.html>（2018年4月15日）

Dryer, M. S. "Chapter order of subject, object and verb." *The World Atlas of Language Structures Online*. <http://wals.info/chapter/81>（2017年12月15日）

参考資料

国際交流基金(編)(2013)『まるごと――日本のことばと文化　入門（A1）りかい』三修社

国際交流基金(編)(2013)『まるごと――日本のことばと文化　入門（A1）かつどう』三修社

国際日本語普及協会（2006）*Japanese for Busy People I* (Revised 3rd Edition) 講談社インターナショナル

スリーエーネットワーク（2012）『みんなの日本語　初級Ⅰ本冊［第2版］』スリーエーネットワーク

できる日本語教材開発プロジェクト（2011）『できる日本語　初級』アルク

春原憲一郎・谷口すみ子・萬浪絵理・稲子あゆみ・萩原弘毅（2006）『新装版はじめのいっぽ――日本語入門（英語版）』スリーエーネットワーク

坂野永理・池田庸子・大野裕・品川恭子・渡嘉敷恭子（2011）『初級日本語げんきⅠ［第2版］』ジャパンタイムズ

文化外国語専門学校(編)(2013)『文化初級日本語Ⅰ　テキスト［改訂版］』凡人社

山﨑佳子・石井怜子・佐々木薫・高橋美和子・町田恵子（2008）『日本語初級1　大地　メインテキスト』スリーエーネットワーク

索　引

あ

あいさつ表現　30, 75, **163**

い

言い換え　44, 100, 103, 141
言いさし表現　**32**, 127
い形容詞　40
1文につき1つのトピック　**21**, 52, 128
移動動詞　36

う

受身　77

お

オノマトペ　41

か

可能　48, 76, 77, 80
勧誘　44

き

記述　52, 84, 104, 123, 141
基本語順　160
疑問文　33, 75
教室用語　60, 104, **163**

く

繰り返し　101, 122, 127

け

敬語　29, 74, **110**, 114, 126
形容詞文　**40**, 48, 123
限定列挙　115, 122

こ

肯定文　32, 91

し

時間　32, 48, **63**, 64, 100, **167**
修飾用法　40
主語　30, 36, 161
述語　**30**, 36, 160
述語用法　40
食事制限　119, 134

す

推量・伝聞表現　85
数字　100, 119, 137, 141, **166**
数量詞　149, **168**

そ

存在動詞　36, **56**

た

ターン・イールディング　84
ターン・テイキング　80
単文　**36**

て

手振り　56, 134

と

動詞文　**35**, 81

な

な形容詞　40

ひ

ピクトグラム　108

非言語コミュニケーション　101

非口頭コミュニケーション　52,
　　　101

ビジュアル・コミュニケーション
　　　100

否定文　32, 91

ふ

複合動詞　104, 137

ほ

補助動詞　48

ま

マニュアル敬語　133

み

身振り手振り　60

め

明確化要求　48, **55**, 64, 114

名詞修飾　**39**, 47, 118, 137

受身文　39

名詞文　**30**, 48, 109, 118, 138

メディカル・シート　88

も

申し出　60

モバイル・デバイス　**20**, 56, 64

ゆ

指さし　56, 68, 81, 88, 115

れ

例示列挙　115

わ

分かち書き　155

高嶋幸太（たかしま・こうた）

　日本語教師。立教大学兼任講師、早稲田大学非常勤インストラクター。専門は、教師教育、第二言語習得、海外日本語教育。東京学芸大学教育学部日本語教育専攻卒業、英国グリニッジ大学大学院 MA Management of Language Learning 修了。海外では青年海外協力隊でモンゴル、留学先のイギリス、日本では大手企業の外国人社員、および大学での日本語教育に従事する。過去教えた学習者は 600 名以上、その出身国は 80 ヵ国以上に及ぶ。また、全国の商工会議所、地方自治体などで日本語教育を伝えるための講演・セミナー活動も行う。『その日本語、どこがおかしい？日本語教師のための文型指導法ガイドブック』（国際語学社、共著）、『〈初級者の間違いから学ぶ〉日本語文法を教えるためのポイント 30』（大修館書店、共著）、雑誌連載「ネイティブ英語話者の大疑問！この日本語、ヘンですか？」『英語教育』（大修館書店、単著）など著書、メディア掲載多数。

▼ 個人サイト『世界の日本語図書室』にて講演・セミナーの詳細情報がご覧になれます。
　 URL：https://nihongo-toshoshitsu.jimdo.com/

日本語で外国人と話す技術

発　行	2018 年 6 月 14 日　初版第 1 刷発行
著　者	高嶋幸太
発行人	岡野秀夫
発行所	株式会社 くろしお出版
	〒 113-0033　東京都文京区本郷 3-21-10
	TEL: 03-5684-3389　FAX: 03-5684-4762
	URL: http://www.9640.jp　e-mail: kurosio@9640.jp
本文／装丁デザイン	スズキアキヒロ
本文イラスト	村山宇希（ぽるか）
	鈴木祐里
印刷所	株式会社 三秀舎

© Kota TAKASHIMA　2018　Printed in Japan
ISBN 978-4-87424-770-9　C0081
● 乱丁・落丁はおとりかえいたします。本書の無断転載・複製を禁じます。